교육통계1 : SPSS 25

| 허 균 저 |

PUKYONG NATIONAL UNIVERSITY PRESS
부경대학교 출판부

| 저자소개 |

허 균 | 서울대학교 교육학 박사 (교육공학 전공)
(현) 부경대학교 수해양산업교육과 교수
한국진로개발학회 회장

교육 통계1: SPSS 25

2020년 3월 1일 초판발행

저 자 | 허 균
발행인 | 김 영 섭
발행처 | 부경대학교 출판부
주 소 | 48513 부산광역시 남구 용소로45
전 화 | (051) 629-6914
F A X | (051) 629-6917
E-Mail | upress@pknu.ac.kr

값 12,000원

ISBN 979-11-87263-34-0 (93310)

들어가며 ●●●

빅데이타가 주목받고 4차 산업혁명에 대해 고민해 보는 것이 일상화가 되는 시대가 되었다. 교육과 관련된 많은 데이터들이 발생하고 이를 처리하기 위한 많은 기술들이 급속히 발전하고 있는 시대이다. 여러분들은 다양한 '교육과 관련된 데이터'들을 정리하여 연구를 통한 주장을 연구논문의 형태로 나타낼 수 있는 도구(Tool)를 익히는 경험하게 될 것이다.

우리가 교육에 대한 수많은 아이디어와 교육 활동을 하고 있다. 하지만 이를 데이터화 하여 수집하지 않고 분석하려고 하지 않는다면 이러한 활동은 아득한 추억으로만 남을 뿐 과학적 연구 성과로 연결시킬 수 없을 것이다. 사람들의 생각이나 습관, 업무 등은 웬만한 노력으로 쉽게 변화되지 않지만 SPSS와 같은 통계 프로그램을 활용한다면 여러분의 생각과 아이디어를 연구논문으로 표현할 수 있는 유용한 도구가 될 것이다.

이 책은 교육 연구를 수행하는 학생과 연구자들을 위한 SPSS 25 통계 프로그램의 예와 실습을 위한 기초적인 내용을 다루고 있다.

이 책이 나오는 과정에서 원고의 교정에 도움을 준 분들께 감사드립니다. 이 자리를 빌어 항상 저를 믿어주시는 부모님께 감사와 아울러 건강을 기원하고, 그림을 그려주며 도움과 응원을 아끼지 않는 사랑스런 딸들 소연, 수연에게 감사합니다. 아울러, 바쁜 일상에서도 연구 활동을 위해 많은 배려를 해준 아내 정애에게도 고마움을 전하고 싶습니다.

2020년 2월 부경대 연구실에서

저자 **허 균**

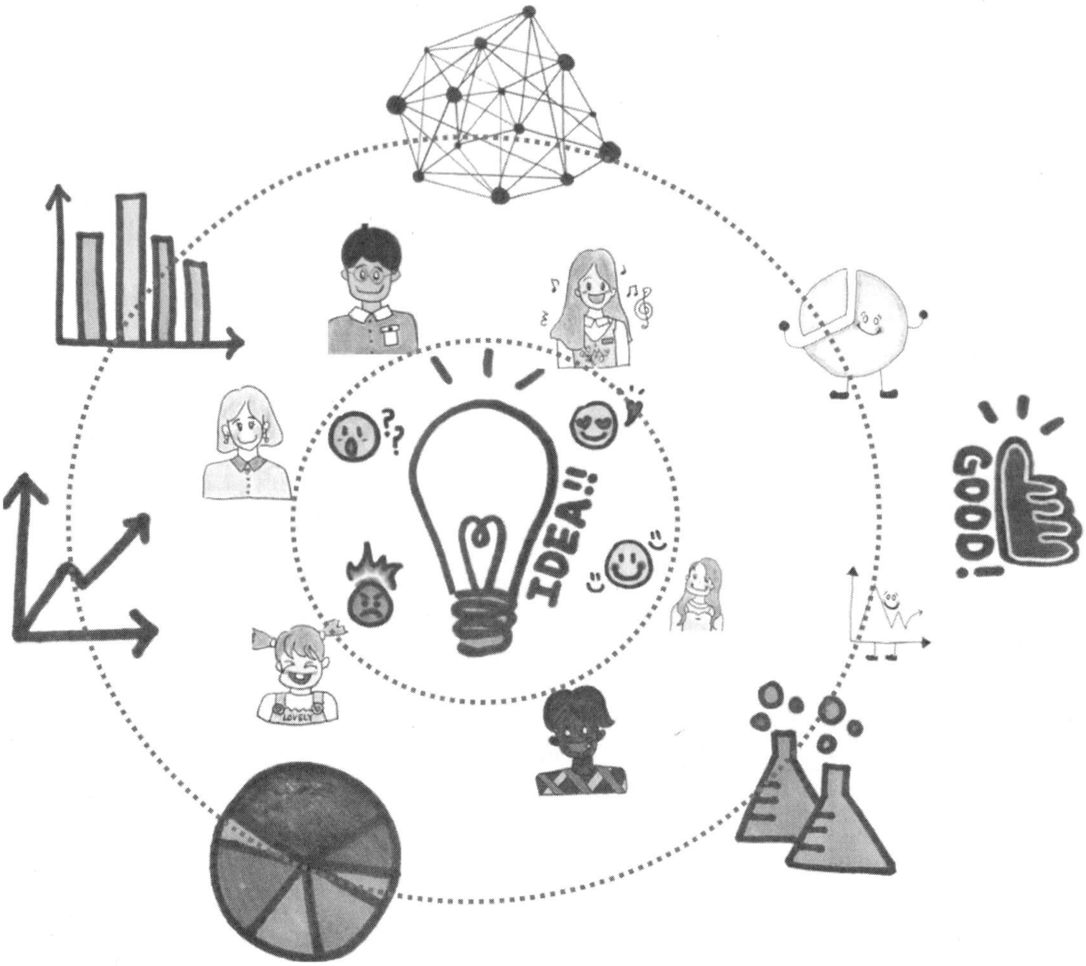
IDEA!!
GOOD!

차 례

Chapter 1

교육 연구와 통계

제1장 ●●●

교육 연구와 통계

1 교육 연구

1.1 교육 연구

교육 연구란 연구의 목적 및 범위 대상 등에 있어 '교육'과 밀접한 관련이 있는 연구라고 잠정적으로 생각해 볼 수 있다(허균, 2010). 이러한 교육 교육 연구 수행을 위해 연구주제, 연구방법, 연구의 실용성의 세 가지 측면의 특징을 고려해 보고자 한다.

먼저, 연구 주제에 있어서 '교육'적 중요성과 의미를 가져야 한다. 교육에 특화된 연구 주제는 다른 특정 주제의 연구들과 비교하여 교육만의 독창성을 갖게 해 준다. 교육 연구자들은 교육에서 접근한 다양한 주제의 교육적 의미를 다룰 수 있는데 이는 심리학자나 과학자들이 다양한 연구를 수행한 후 자신의 영역에 연구 의미를 다루는 것과 차이가 있을 수 있다. 교육 연구자들은 교육적으로 적용 가능한 이론과 실질적인 주제를 바탕으로 연구 주제를 탐색한다. 이로 인해 연구 결과와 해석은 교육적 관점에서 다양한 교육적 의미와 시사점을 줄 수 있다.

둘째, 연구방법에 있어서 '과학적이고 체계적'이어야 한다. 아무리 훌륭한 주제라도 그 주제를 풀어나가는 방법이 보편 타당하지 않다면 연구 결과를 쉽게 수긍하기는 힘들 것이다. 따라서 교육에서 과학적 연구방법을 통해 다양한 교육 연구주제의 결과를 도출하고 체계화 시키는 것은 중요한 의미를 지닌다.

셋째, 연구 결과는 '실용적이며 실천가능한 교육적' 의미를 가져야 한다. 교육 연구는 교육과 관련된 이론적 성장 뿐 아니라 현실적인 교육 문제를 비평하고 점검하며 개선할 필요가 있다. 따라서 실제 교육 현실의 문제를 해결하고 도움을 줄 수 있어야 할 것이다. 실질적 교육의 문제를 파악하고, 이를 해결할 수 있는 대안을 제시하는 연구가 될 때 보다 실용적이며 실천가능한 교육 연구가 될 것이다.

1.2 교육 연구 절차

교육 연구의 절차는 교육 연구방법의 이론과 실제(허균, 2010)의 교육학 연구 중 교육학 연구 절차의 부분을 참고하여 기술하였다. 이에 따르면 대부분의 연구는 '서론-본론-결론'의 구조를 가진다. 교육 연구도 일반적 절차를 따를 것이다. 〈그림 1.1〉은 이러한 교육 연구의 절차를 좀 더 상세히 나타내었다.

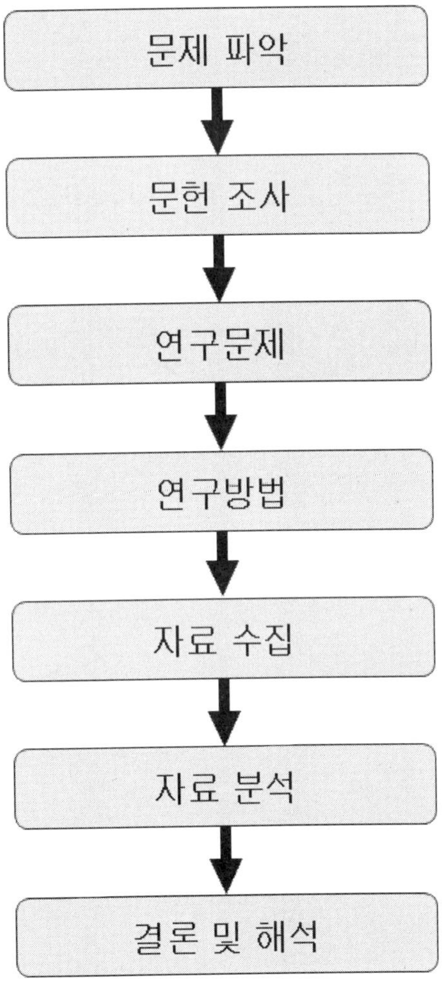

〈그림 1.1〉 교육 연구 절차(허균, 2010)

먼저, 문제파악, 문헌조사, 연구문제의 일련의 단계를 들 수 있다. 문제파악 단계는 연구자의 관심 문제나 핵심 문제를 파악하는 단계이다. 연구자가 알고 싶은 것이 무엇인지 파악해 보는 단계라고 볼 수 있다. 이는 문헌조사나 선행연구를 통해 문제가 나타날 수도 있다. 연구문제 단계에서는 최초에 가졌던 막연한 궁금증을 연구를 위한 질문 즉 구체적인 연구문제나 가설로 발전시키는 단계라 할 수 있다.

다음으로 연구 방법, 자료수집, 자료분석의 일련의 단계이다. 연구방법으로 양저 혹은 질적 연구 방법을 고민하게 되고, 구체적으로 실험연구, 조사연구, 문헌연구, 관찰연구 등을 고민한다. 연구문제와 가장 적합한 것을 선택한다. 연구방법이 정해졌다면 이에 맞는 자료 수집과 분석을 실시하게 된다.

마지막으로 결론 및 해석 단계이다. 분석되어진 결과를 바탕으로 연구문제에 비춰 해석, 논의 및 결론을 도출한다.

교육 통계는 자료 수집, 분석 및 이후 단계의 결론 및 해석에 도움을 줄 수 있다(허균, 2010).

2 통계 용어

2.1 주요 용어

교육 통계 분석에서 자주 쓰이는 용어를 정리해 보자. 독립변수, 종속변수, 매개변수 등에 대한 주요 용어를 정리해 보면 다음과 같다(허균, 2010).

독립변수 independent variable
다른 변수의 변화 원인이 되는 변수, 다른 변수에게 영향을 주는 변수

종속변수 dependent variable
원인 변수에 의해 영향을 받아 변화된 변수

매개변수 intervening variable
독립변수와 종속 변수 간의 관계를 설명하는데 영향을 주는 변수.

통제 control
매개변수를 규제 혹은 고정시키고 실험에서 독립변수를 조절한다는 의미

실험처치 experimental treatment
실험연구 상황에서 종속변수의 변화를 유도하기 위해 가해지는 상황

통제집단 control group
실험연구에서 연구 가설에서 설정한 효과를 알아보기 위한 비교 집단의 하나로 실험처치를 가하지 않은 집단

실험집단 experimental group

실험연구에서 연구 가설에서 설정한 효과를 알아보기 위한 비교 집단의 하나로 실험처치를 가한 집단

그 외에도 측정 수준에 따른 척도 유형이 있다. 명목척도, 서열척도, 등간척도, 비율척도에 대해 용어 정리를 해 보고, 많이 쓰이는 리커르트 척도에 대해서도 정리해 보면 다음과 같다.

명목 척도

연구자가 연구대상을 유목화하기 위해 사용한 척도를 말한다. 예를 들면 남자에게는 1, 여자에게는 2의 값을 부여했다면 이때 성별에 사용한 척도는 명목척도이다.

서열 척도

어떠한 자료는 순서적으로 서열화할 수 있다. 이때 상대적 위치를 서열화 할 수 있는 자료의 유형을 서열척도라고 한다. 먼저 학교에 도착한 학생을 기준으로 1, 2, 3, 4.... 의 번호를 매긴다면 이 번호는 서열 척도에 해당된다. 학교에서 중간고사 석차, 인기가요 순위 등이 예가 될 수 있다.

등간 척도

자료 간의 간격이 일정할 경우 등간척도라고 한다. 수학 성적으로 생각해보자. 철수가 90점, 영희가 80점을, 인영이가 85점을 획득하였다면 이것은 철수, 인영, 영희의 서열척도로 나타낼 수 있음과 동시에 철수는 영희보다 10점 그리고 인영이 보다는 5점 더 높은 점수를 얻었다고 말할 수 있다. 여기에는 점수 자료 간의 간격이 일정하다는 등간 척도의 개념이 포함되어 있다.

등간 척도는 급간을 더하거나 뺄 수 있는 것이다. 크다 작다의 서열 뿐 아니라 둘 차이를 단위를 사용하여 나타낼 수 있다. 이때 기준점인 '0'은 측정 대상에 따라 자의적일 수 있다. 예를 들어 지능지수, 학습자 만족도, 자기효능감 점수 등이 예가 될 수 있다.

비율 척도

절대적 기준점 '0' 을 가진 척도를 가질 경우 비례 수준 측정이 가능한 비율 척도가 된다. 등간 척도가 상대적 기준점을 가진 것이라면 비율척도는 절대적 기준점을 가지고 있다.

예를 들면, 지능지수가 100인 사람은 50인 사람보다 2배 머리가 좋은 것인가? 지능지수는 등간척도를 사용하고 있으므로 비율적 수준을 말하기 어렵다. 반면 나이가 40세인 사람은 10세인 사람보다 나이가 4배 많은가? 그렇다. 나이의 측정단위는 절대 기준점을 가지고 있기 때문에 비율적인 측정이 가능한 것이다. 이처럼 체중, 나이, 몸무게, 경제성장률 등이 비율척도의 예가 될 수 있다.

리커르트 척도 Likert scale

일반적으로 조사 연구에서 가장 많이 사용하는 문항으로 묻는 문항에 대해 긍정적 응답과 부정적 응답을 동일한 방식으로 응답하는 방식이다. 대체로 응답 범주는 5개에서 7개를 많이 사용한다. 여러분이 관련된 논문을 읽을 때 '5점 리커르트 척도를 사용하였다'라고 표현한 부분을 자주 보았을 것이다. 이것은 5개의 응답 범주를 사용했다는 의미이다.

예)

측정문항(예)	전혀 아니다	아니다	보통 이다	그렇다	아주 그렇다
이번 연수강좌를 통해 경험한 정보화 교사 연수 프로그램에 만족한다.				V	

2.2 연구에서 통계 용어 활용

독립, 종속, 매개 변수는 다음과 같이 활용될 수 있다. 예를들어, 부모의 양육태도에 따라 학업 성적이 달라지는지 알아본다고 하자. 그러면 부모 양육태도는 성적에 영향을 주는 변수 즉 독립 변수가 된다. 반면 영향을 받는 변수는 종속변수가 된다. 성별, 교수학습 방법 등에 따라 이러한 효과가 달라진다고 하면 중간 역할을 하는 변수가 매개변수 혹은 조절 변수가 된다.

변하는 모든 수를 '변수'라 한다. Variable이며 변인이라고도 한다. 사람의 키는 150, 160, 180 등으로 변하는 수이다. 변하지 않는 고정된 수는 '상수'이다. 원주율 등은 값이 고정된 상수가 된다.

변수에는 양적변수와 질적변수로 구분할 수 있다. 양적 변수는 수량이며 질적변수는 용어로 생각하면 될 것 같다. 양적변수는 체중, 키와 같은 연속변수와 랜덤한 자동차수와 같은 비연속 변수로 구분할 수 있다. 질적변수는 성별, 인종과 같이 서열이 없는 비서열 변수와 학력이나 초중고와 같이 서열을 가지는 서열변수로 구분할 수 있다.

측정(measurement)은 대상에 수를 부여하는 절차이며, 척도(scale)은 측정의 단위가 된다. 척도는 명명척도, 서열척도, 등간척도, 비율척도, 절대척도 등으로 구성된다.

모집단(population)은 연구대상이 되는 전체집단을 말한다. 표본(sample)은 모집단에서 샘플로 뽑힌 집단을 말한다. 모집단에서 표본을 이끌어내는 과정을 표집(sampling)이라고 한다. 모집단이 지닌 특성들을 나타내는 구체적인 수치는 모수치(parameter)라고 하며, 표본이 지닌 특성들들을 나타내는 구체적인 수치는 추정치(estimate)라고 한다.

통계는 기술통계(descriptive statistics)와 추리통계(inferential statistics)로 구분할 수 있다. 기술통계는 연구자가 수집한 자료의 정보를 정리해서 알려주는 통계이다. 서술통계라고도 한다. 추리통계는 표본의 자료를 바탕으로 모집단의 특징을 추정하는 통계이다.

3 SPSS 25 설치

SPSS는 Statistical Package for the Social Science의 약자로 1969년에 사회과학분야의 데이터 분석 프로그램으로 출발하여 최근에는 거의 많은 통계분석방법이 포함되고 있다. SPSS는 2019년 현재 25 버전이 활용되고 있으며 꾸준히 업데이트 되고 있다. 본 절에서는 SPSS 25를 중심으로 설치 과정을 살펴보자.

3.1 SPSS 설치

한국 IBM SPSS Statistics 관련 사이트(https://www.ibm.com/kr-ko/products/spss-statistics/details)로 가면, SPSS 최신 버전과 무료 체험판을 설치할 수 있다. 대학에 따라서는 교육용 라이선스가 제공되기도 하니 자신의 대학의 소프트웨어 정책을 살펴보기 바란다.

❶ 한국 IBM SPSS Statistics 관련 사이트 화면

❷ SPSS 설치 화면

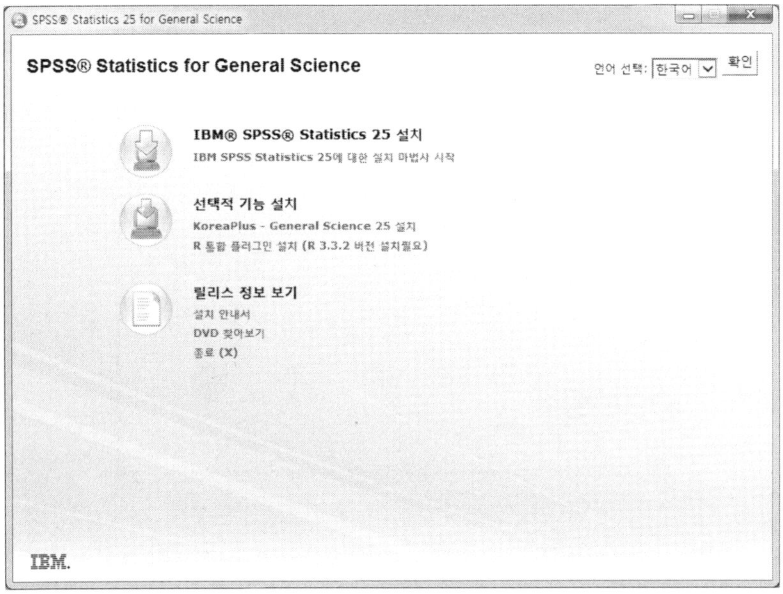

SPSS 25 설치를 클릭하면 설치마법사에 의해 자동으로 설치된다. 설치과정에서 "다음"을 계속 누르면 아래 오른쪽 하단과 같이 설치 완료 화면을 볼 수 있다.

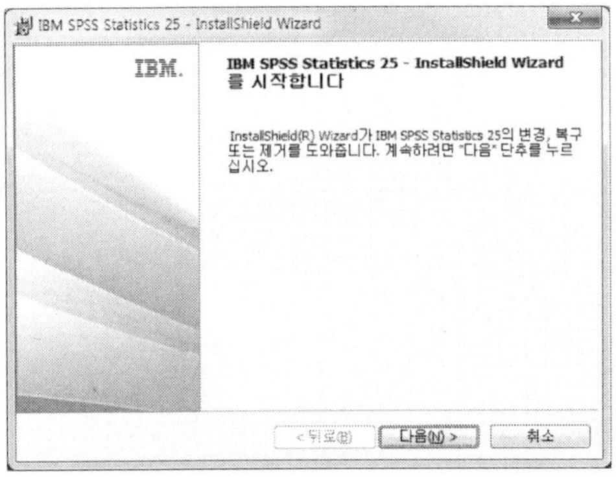

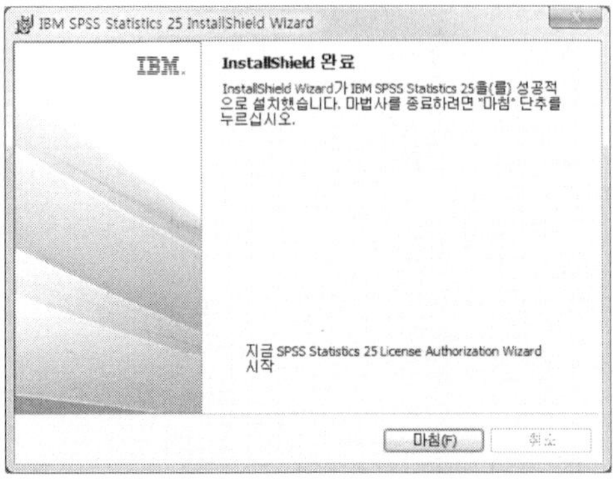

❸ SPSS 시작 화면

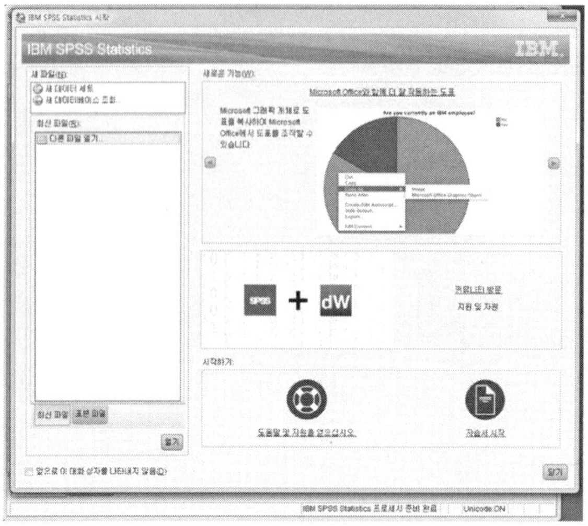

SPSS 25 프로그램이 설치된 후 프로그램을 클릭하면 위와 같은 화면이 나타나고, 시작 창을 닫으면 아래 그림과 같이 스프레드 시트 화면이 나타난다. 이렇게 나타난다면 SPSS 분석을 위한 준비가 되었다.

❹ SPSS 시작 화면

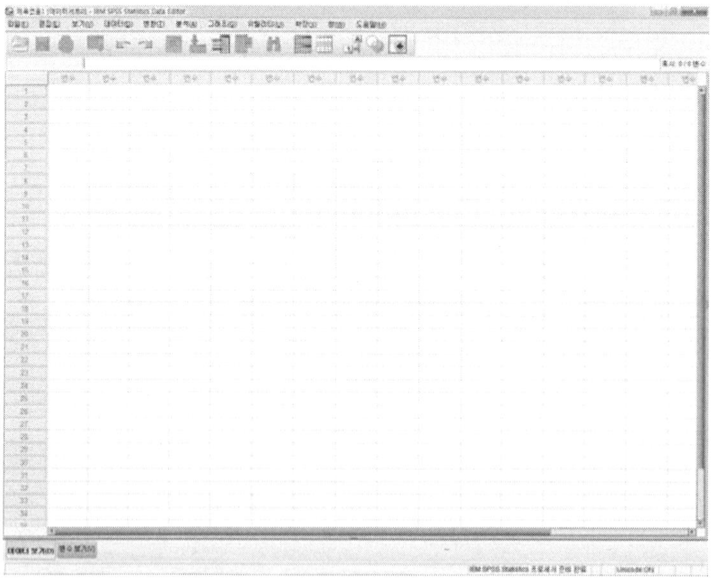

3.2 SPSS활용과 교육 연구

교육 연구에서 SPSS 통계분석 소프트웨어를 활용하여 다양하게 활용될 수 있다. 주요 통계 분석에는 기초통계분석, 빈도분석, 기술분석, 교차분석, 평균비교, t-검정, 일원분산분석, 이원분산분석, 상관분석, 회귀분석, 요인분석, 신뢰도분석 등을 할 수 있다.

교육연구에서는 SPSS를 활용하여 통계적 유의도를 검정하여 논문작성에 활용한다. 두 집단이나 세 집단 간 차이를 보는 연구나 수집한 자료의 관계(상관, 회귀, 신뢰도 등)를 보는 연구에서 활용될 수 있다. 예를 들면, 전통적 교수법을 실시한 집단과 새로운 교수법을 실시한 집단과의 학업성취도 차이를 보고자 한다면 두 집단 간 비교를 통한 차이를 검증해야 할 것이다. 조사연구를 위해 설문지를 제작하여 자료를 수집하였다면 설문 문항의 신뢰도와 연구자가 설정한 변인들 간의 상관성을 분석해야 할 것이다.

3.3 통계 분석 도구를 구할 수 있는 곳

한국 IBM SPSS Statistics 관련 사이트(https://www.ibm.com/kr-ko/products/spss-statistics/details)로 가면, SPSS 최신 버전과 무료 체험판을 설치할 수 있다. 그 외에도 사용자 메뉴얼, 각종 활용 Tip, 참고자료 등을 얻을 수 있다.

1장 요약

교육연구

연구 목적 범위 대상 등이 교육과 밀접한 관련이 있는 연구

연구주제의 교육적 의미, 과학적 연구방법, 연구 결과가 교육적 실용성을 가진 연구

주요용어

독립변수, 종속변수, 매개변수, 통제집단, 실험집단,

명목척도, 서열척도, 등간척도, 비율척도, 리커르트 척도

SPSS 설치

한국 IBM SPSS Statistics 관련 사이트

1장 연습문제

1. 교육연구의 의미를 3가지 특성을 중심으로 기술하시오.

2. 다음 용어를 설명하시오.

(1) 명명척도

(2) 서열척도

(3) 등간척도

(4) 비율척도

(5) 절대척도

3. 다음 변수의 차이점을 설명하시오.

(1) 독립변수

(2) 종속변수

(3) 매개변수

(4) 비율척도

4. 질적변수와 양적 변수의 차이를 설명하시오

5. Likert 척도가 무엇인지 설명하시오.

Chapter 2

SPSS 데이터 다루기

제2장 ● ● ●

SPSS 데이터 다루기

1 SPSS 25 실행

IBM SPSS Statistics 설치 후 아이콘을 클릭하면 SPSS 25가 실행된다. SPSS는 아래 그림과 같이 자료편집(*.sav), 분석결과(*.spv), 명령 실행 편집(*.sps) 화면으로 구성된다. 그리고 각 해당화일로 저장할 수 있다.

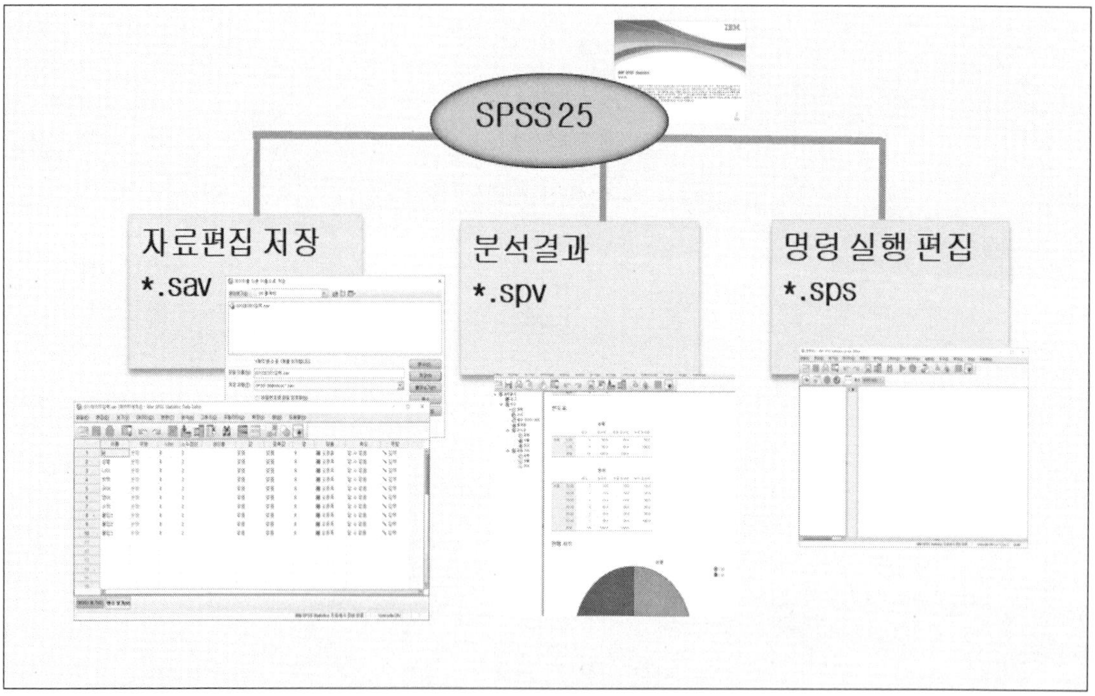

〈그림 2-1〉 SPSS 구성 화면

1.1 데이터 입력하고 저장하기

SPSS를 실행하고 다음과 같이 자료 입력을 연습해 보자.

❶ SPSS 실행

먼저 SPSS를 실행하여 편집 창을 확인한다.

❷ 변수 설정하기

사용할 변수 이름을 아래 그림과 같이 입력해 보자. 유형은 기본으로 숫자가 되어 있다.

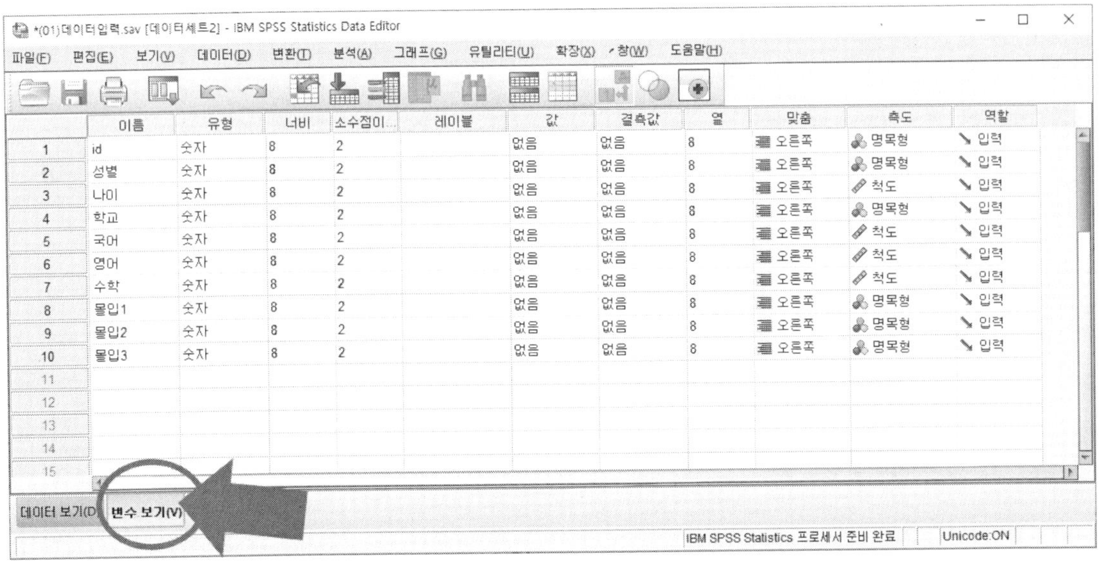

❸ 데이터 입력하기

화살표의 '데이터 보기(D)'를 누른 후 id 1에서 10번까지의 데이터를 입력한다.

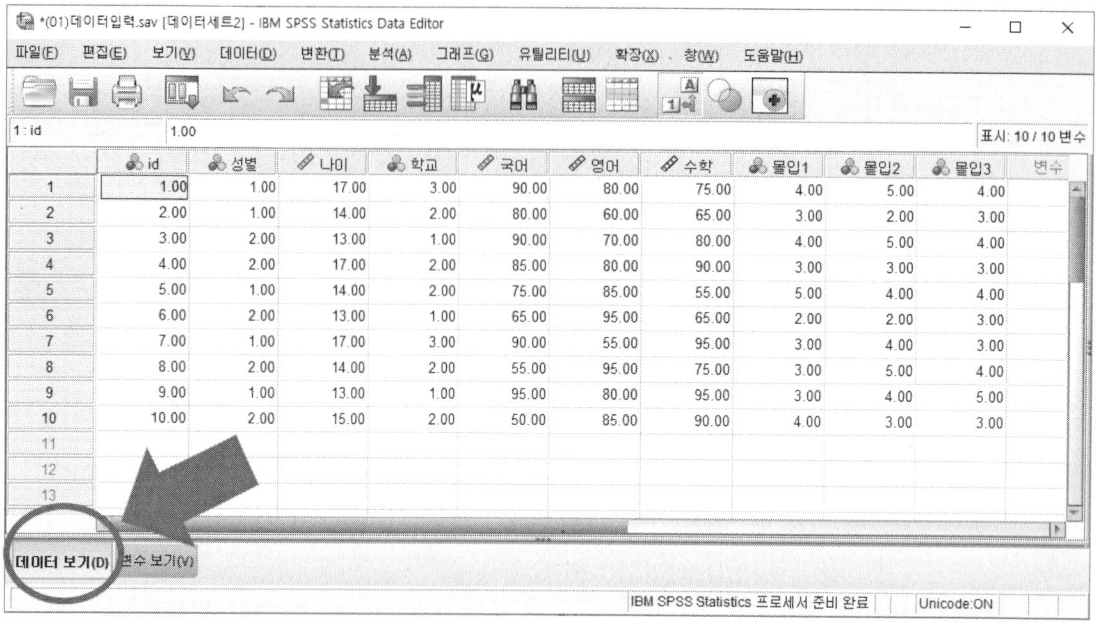

❹ 저장하기

적절한 폴더에 적당한 이름으로 기록한 데이터를 저장한다. 당연한 말이지만 자신의 데이터가 기록된 위치를 정확히 알아두어야 한다.

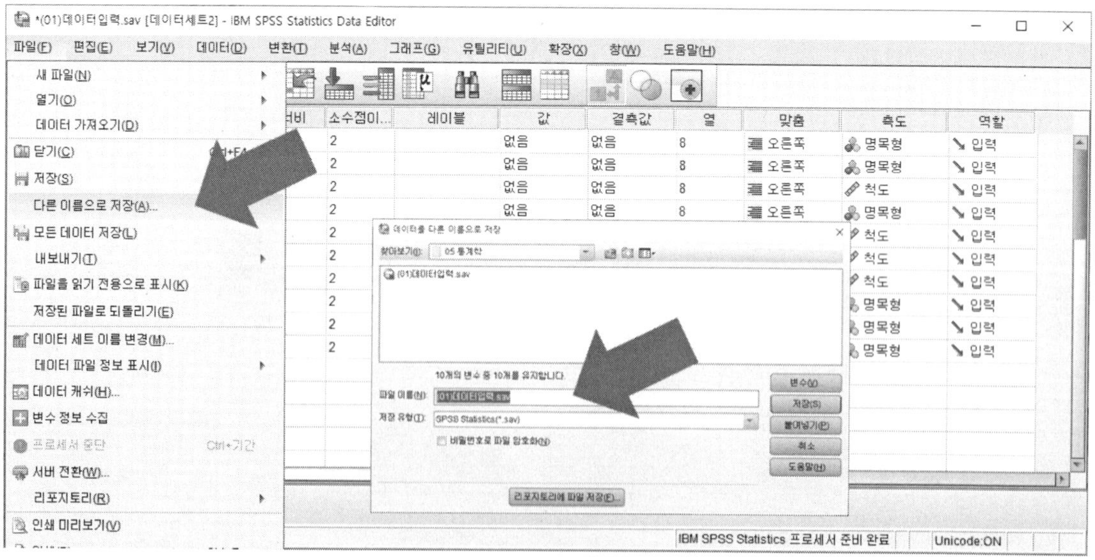

1.2 여러 형태로 입력하고 저장하기

SPSS를 실행하고 다음과 같이 자료 입력을 연습해 보자.

❶ 변수 유형 바꾸기

변수의 다양한 형태에 따라 변수 유형을 바꿀 수 있다.

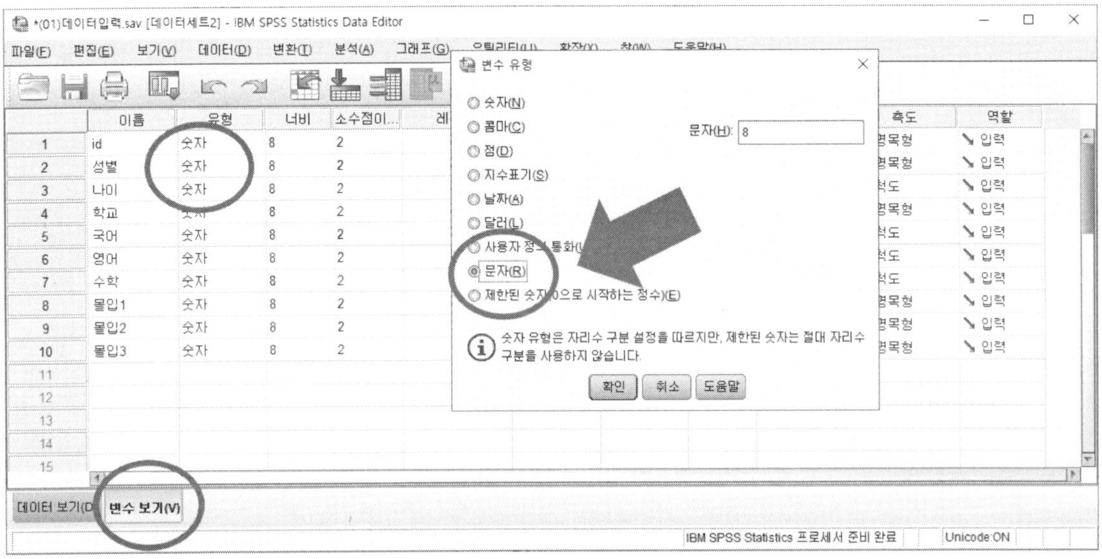

❷ 값 설정하기

"값 설정"을 통해 숫자를 문자로 설정 지정할 수 있다. 성별 변수의 1이 남자 2가 여자일 경우 아래 그림과 같이 설정해서 지정할 수 있다.

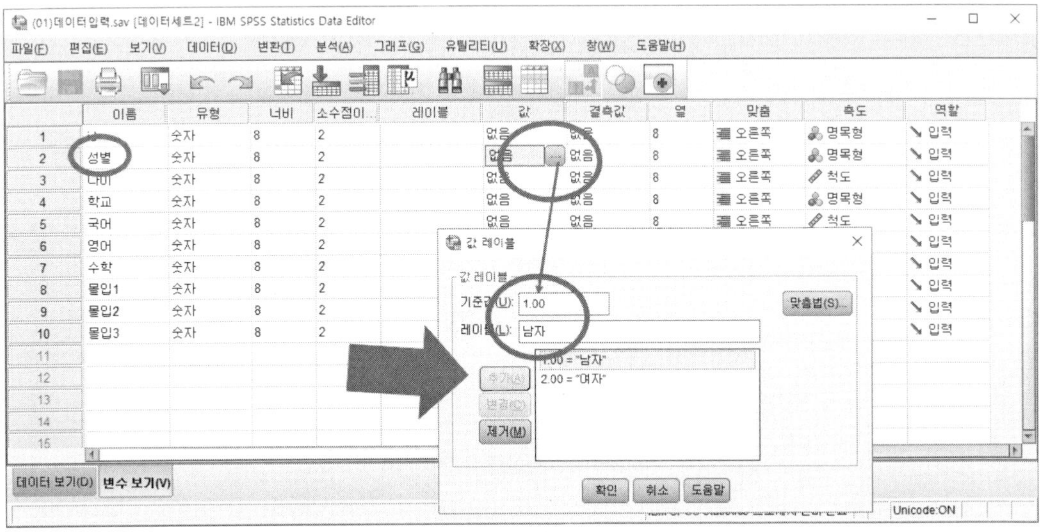

❸ 값 설정 확장하기

값 설정을 여러 계층으로 확대할 수 있다.

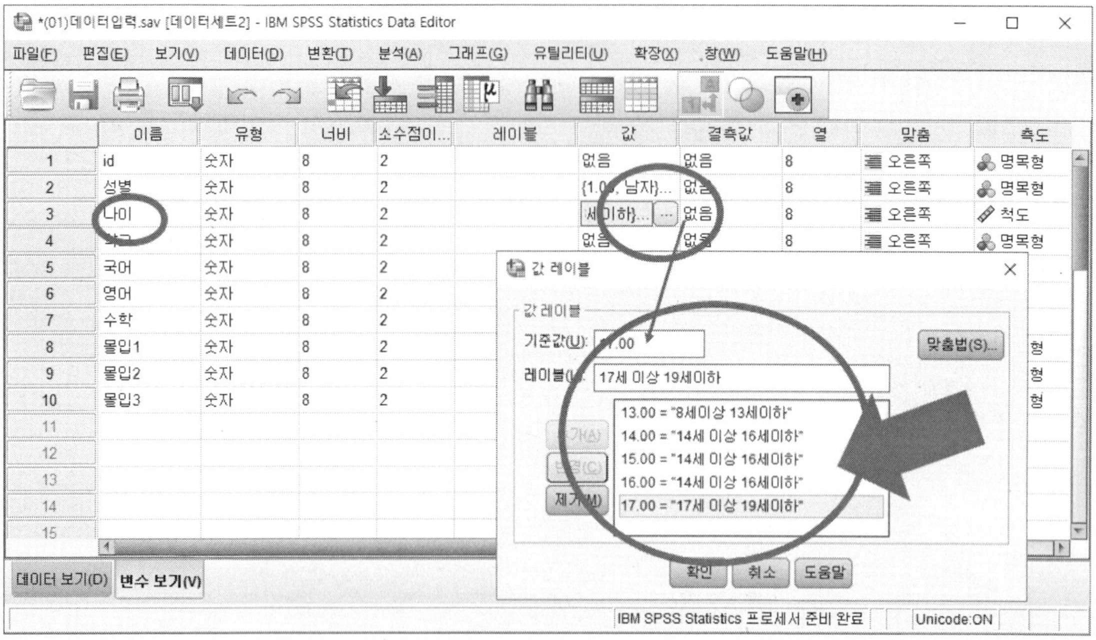

❹ 값 설정 확인하기

데이터 보기에서 도구 창의 문자, 숫자 아이콘을 클릭하면 성별 부분 값 설정이 달라지는 것을 확인할 수 있다.

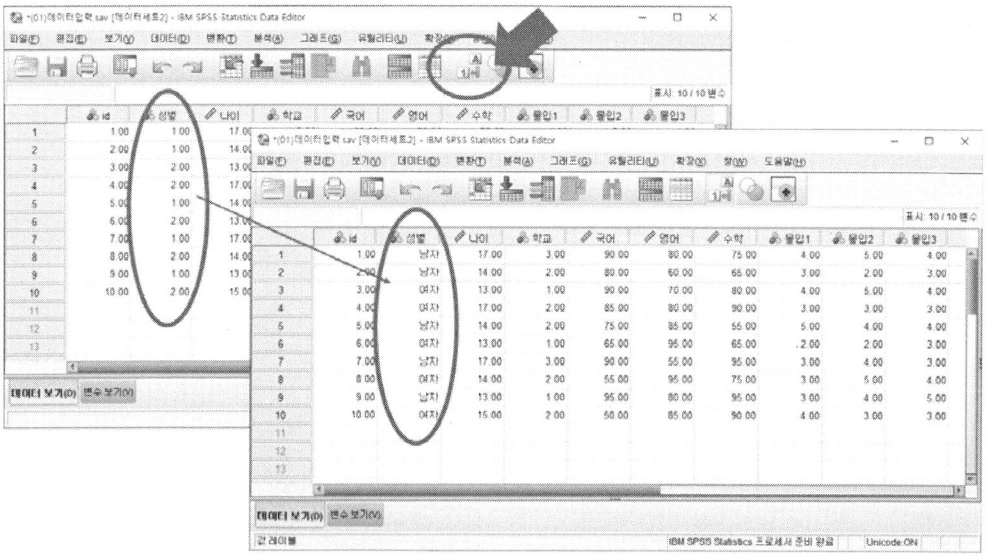

2 데이터 읽기

SPSS에서는 다양한 데이터를 읽을 수 있다. 다양한 종류의 데이터들이 많지만 이 절에서는 일반적으로 많이 쓰는 엑셀 데이터와 텍스트 데이터를 읽는 것을 실습 해 보자.

2.1 엑셀 파일 읽기

SPSS를 실행하고 다음과 같이 자료 입력을 연습해 보자.

❶ 메뉴 선택(엑셀데이터)

먼저, 파일의 데이터 가져오기(D)의 "텍스트 데이터(T)"를 선택한다.

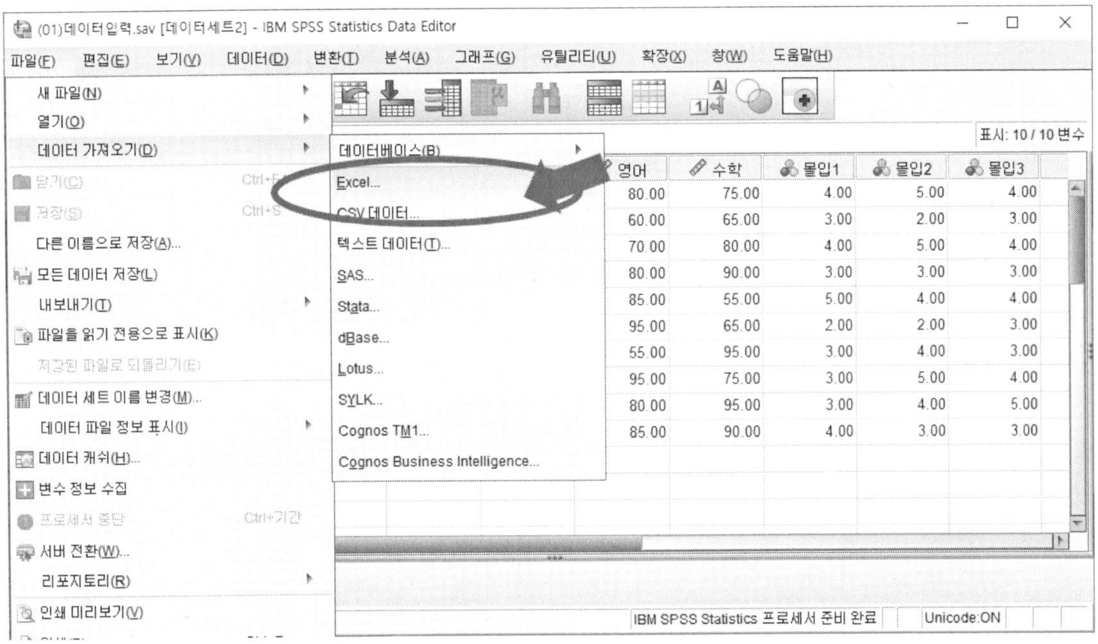

❷ 엑셀 파일 읽기 특성 설정

워크 시트가 변수명을 포함하는지 등의 세부 설정을 확인하고 다음을 클릭한다.

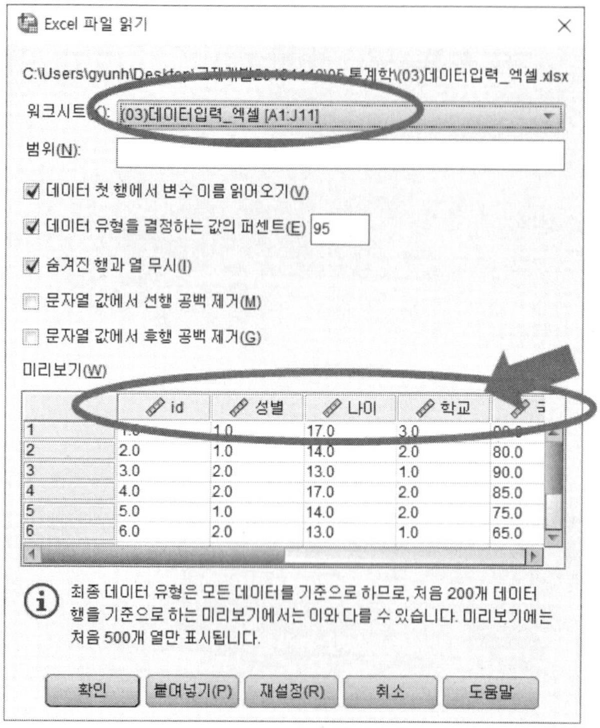

❸ 변수 특성 세부 조정

변수 보기에서 자동으로 설정된 변수 설정을 자신의 의도에 맞게 수정한다.

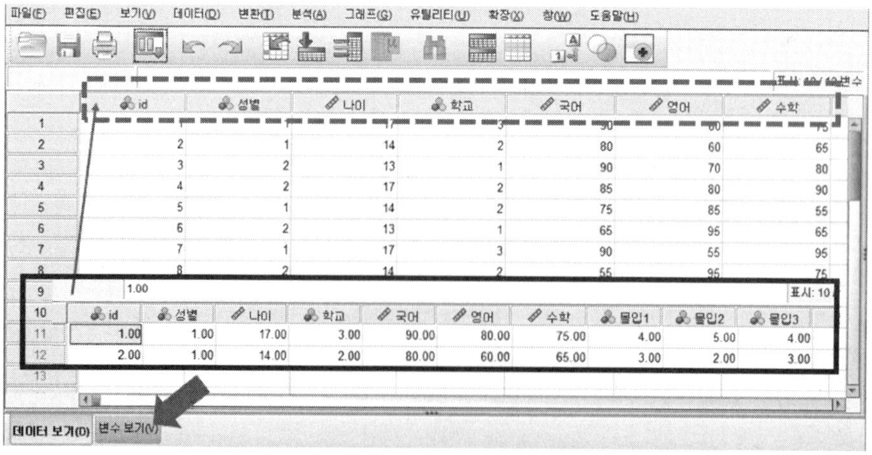

2.2 텍스트 파일 읽기

SPSS를 실행하고 다음과 같이 자료 입력을 연습해 보자.

❶ 메뉴 선택(텍스트 데이터)

먼저, 파일의 데이터 가져오기(D)의 "텍스+트 데이터(T)"를 선택한다.

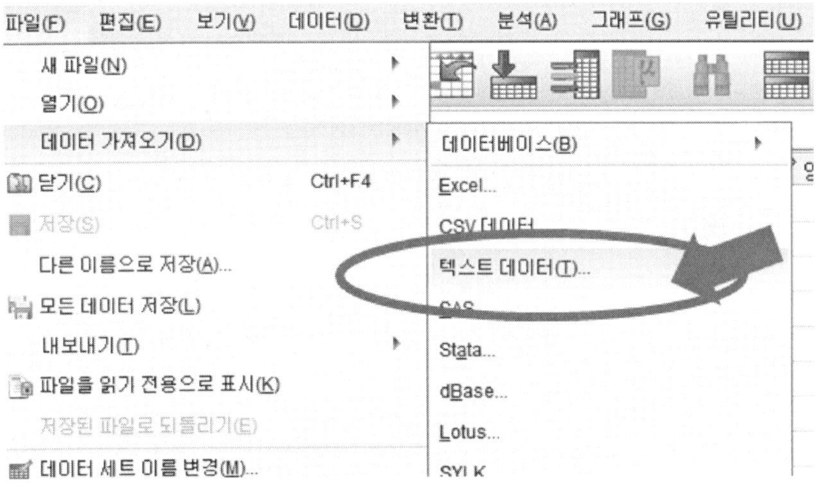

❷ 텍스트 가져오기 마법사 실행(6단계)

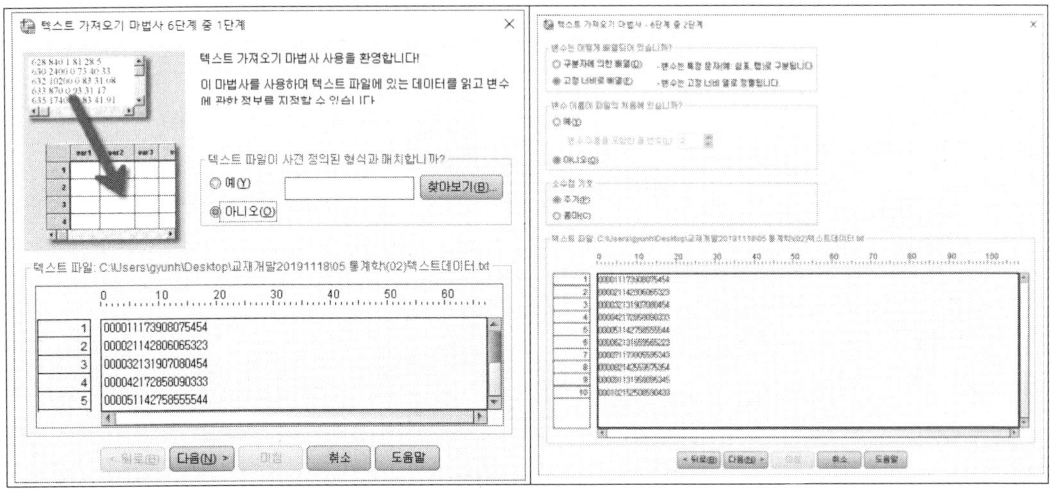

케이스 상세한 특징을 정해 준다.

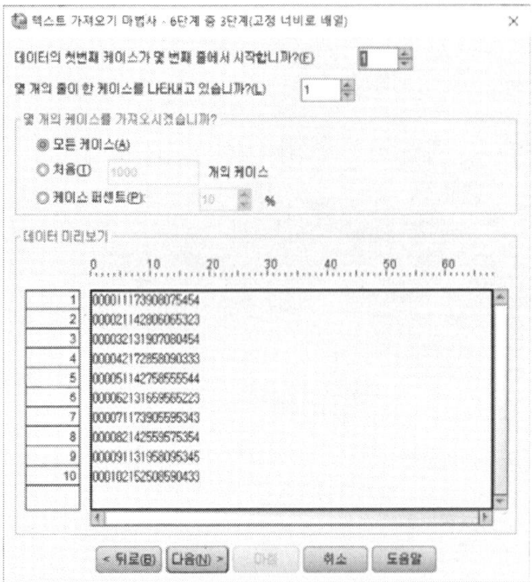

변수 사이의 구분 영역을 지정한다.

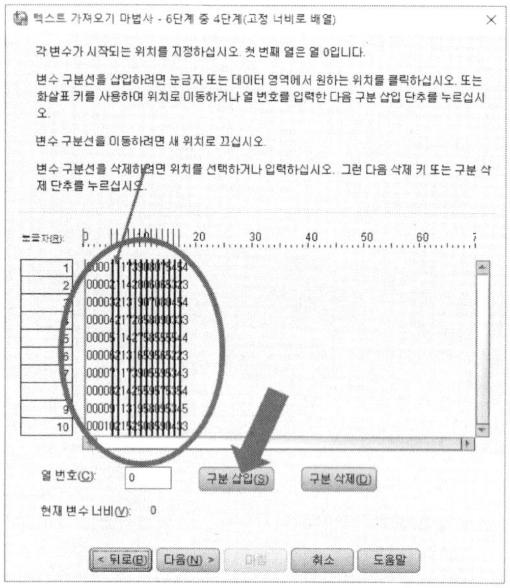

변수이름과 데이터 형식을 지정한다.

파일 형식과 명령문 등을 설정한다.

❸ 변수 특성 세부 조정

변수 보기에서 자동으로 설정된 변수 설정을 자신의 의도에 맞게 수정한다.

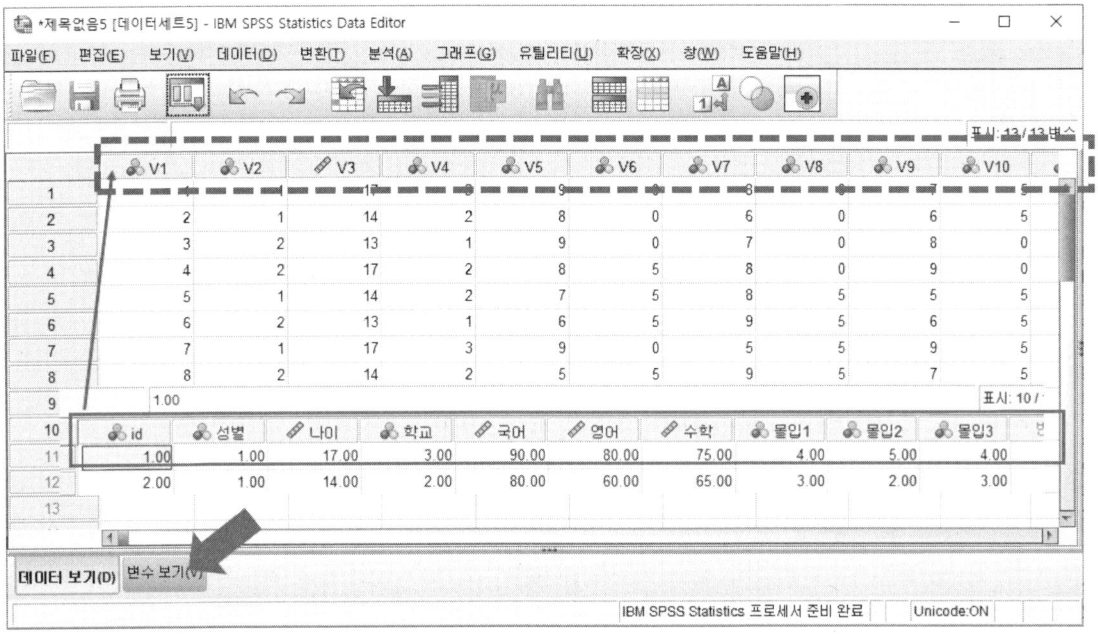

3 데이터 변환하기

3.1 새로운 변수 만들기

기존의 변수를 이용하여 새로운 변수를 만들 수 있다. 예를 들어, (01)데이터입력.sav에서 국어, 영어, 수학 점수의 합이나 평균을 학업성취도라는 새로운 변수를 만들 수 있을 것이다. 자 이제부터 여러분이 원하는 변수를 만들어 가며 데이터를 변환해 보자.

❶ 새로운 변수 만들기([변환-변수 계산] 메뉴선택)

(01)데이터입력.sav 파일을 불러오자. 그리고 국어, 영어, 수학의 평균을 "학업성취도"라는 새로운 변수를 만들어 보자. [변환(T)-변수계산(C)]를 선택하면 된다.

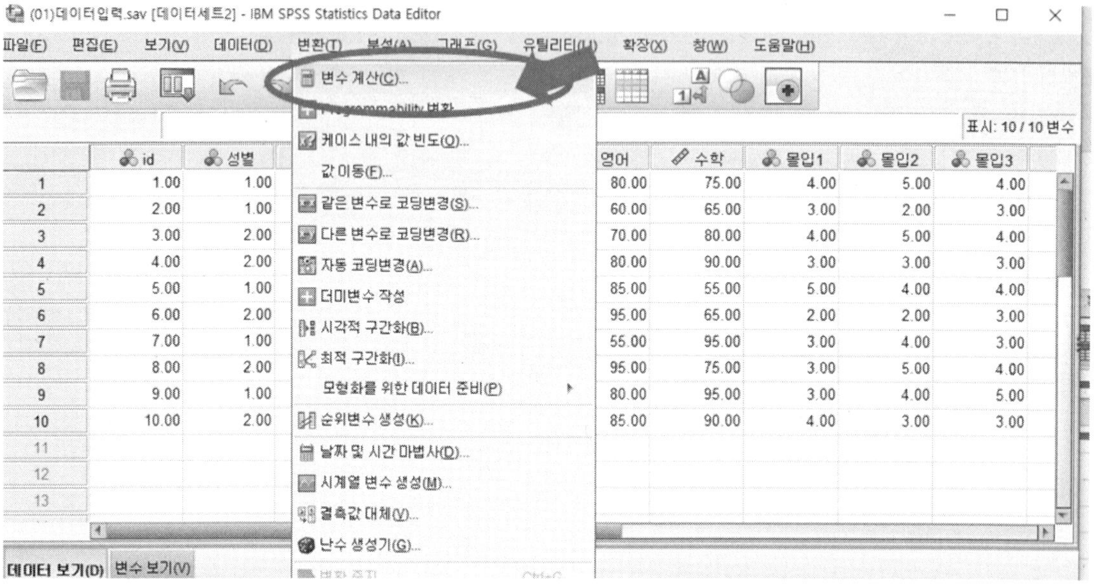

❷ 변수 계산

목표변수(T)에 새롭게 만들려고 하는 "학업성취도" 변수를 설정한다.

숫자표현식(E)에 기존의 변수들의 평균 즉, "(국어+영어+수학)/3"을 입력한다.

필요에 따라서는 함수집단(G)의 함수식을 이용할 수도 있다.

Mean 함수를 사용하여 같은 결과를 생성해 보고 수식을 하는 것과의 차이점을 생각해 보자.

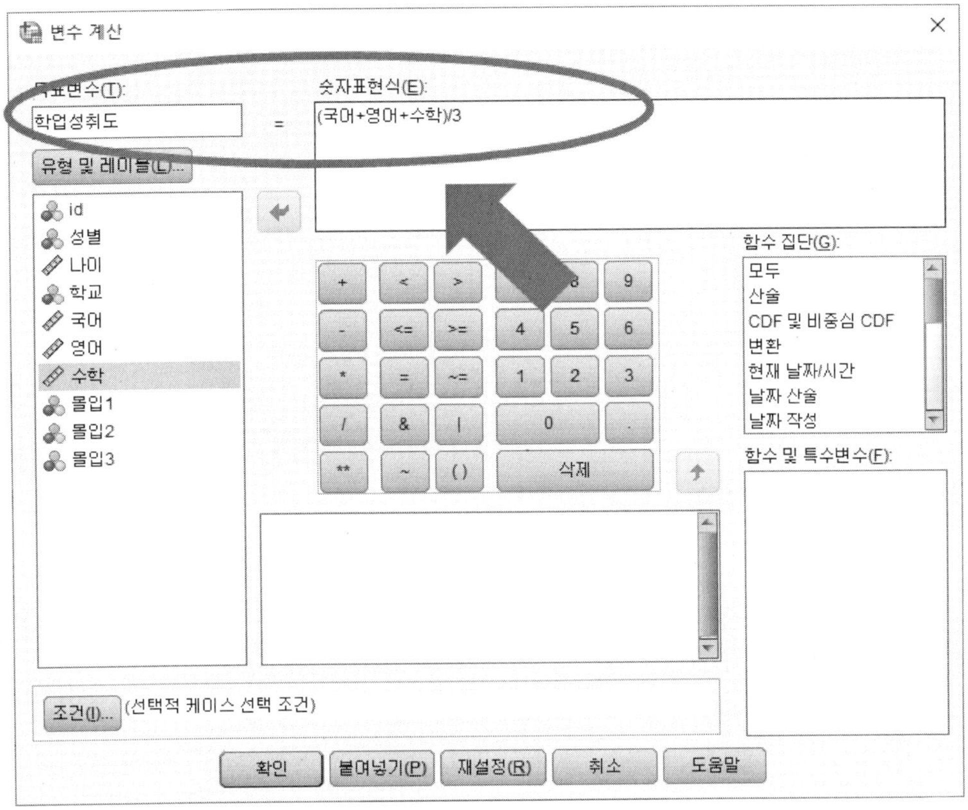

❸ 결과 화면

결과로 학업성취도 변수가 생성된 것을 볼 수 있다.

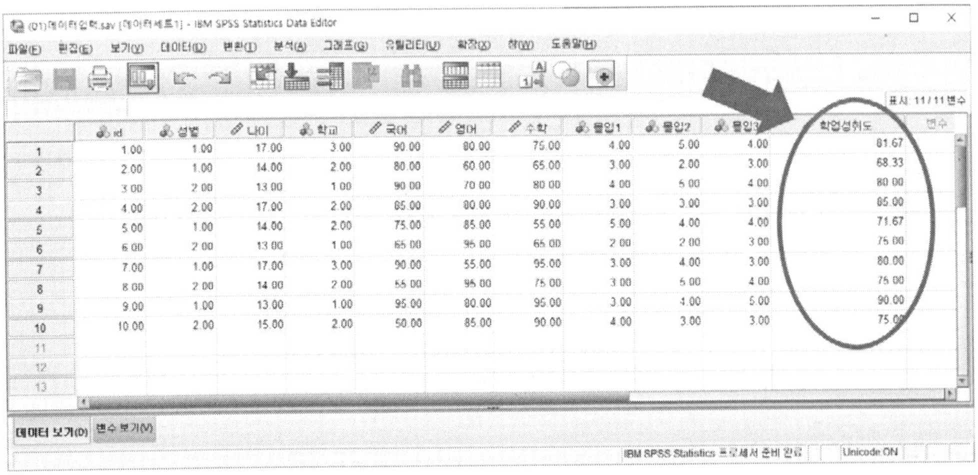

3.2 코딩 변경

역코딩이 되었거나 분석 편의를 위해 코딩을 바꾸기도 한다. 예를 들어 남여를 1, 2로 코딩된 내용을 1, 0으로 바꾸어 결과 해석이 편하게 하기도 한다. 역코딩 값으로 점수가 낮을수록 좋은 것을 반대로 바꾸기도 한다. 여기서는 코딩 변경에 대해 실습해 보자.

❶ 코딩 변경 메뉴선택([변환-같은 변수로 코딩변경(S)])

(01)데이터입력.sav 파일을 불러와서, 성별 1, 2로 코딩된 내용을 남자는 1, 여자는 0으로 변경해 보자.

원래 변수의 코딩을 변경할 경우 [같은 변수로 코딩변경(S)]을 하고, 만약 다른 변수로 코딩을 바꾸고 싶다면 아래 메뉴인 [다른 변수로 코딩변경(R)]을 선택하면 된다.

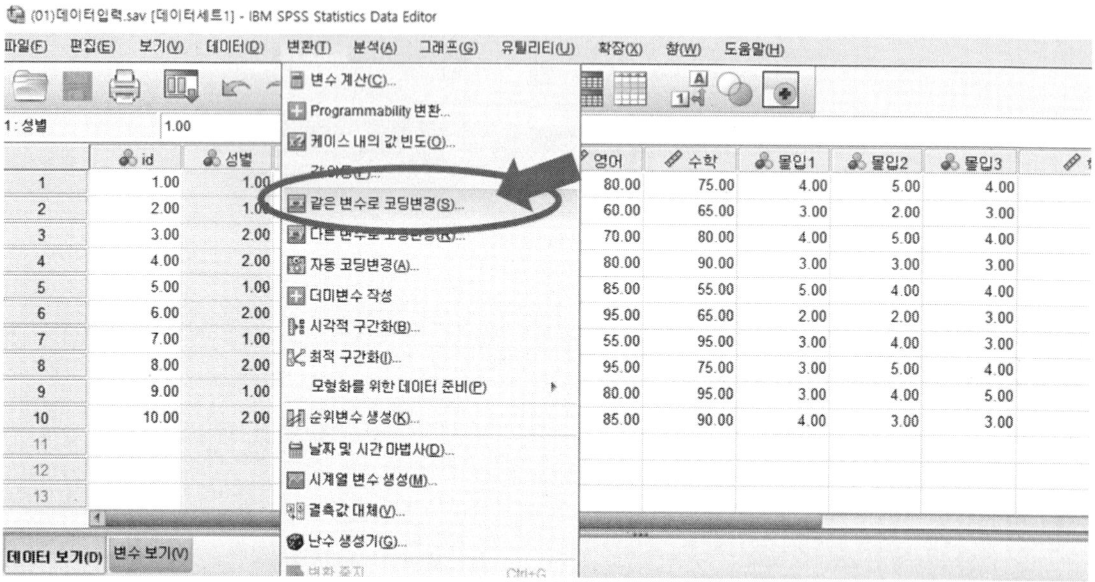

❷ 코딩 변경 설정

목표로 하는 변수를 선택한다. 선택 후 [기존값 및 새로운 값(O)]를 클릭 후 기존의 값과 새로운 값을 지정해 준다.

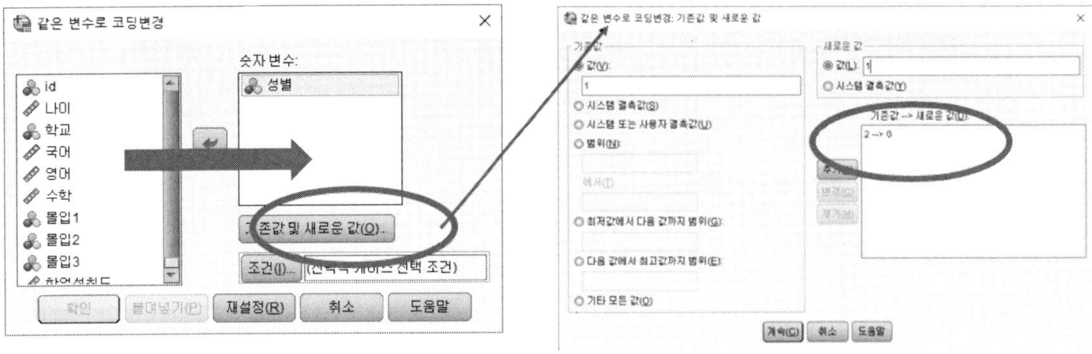

❸ 결과 화면

성별 1, 2 코딩 결과가 1, 0 결과로 변환된 것을 확인할 수 있다.

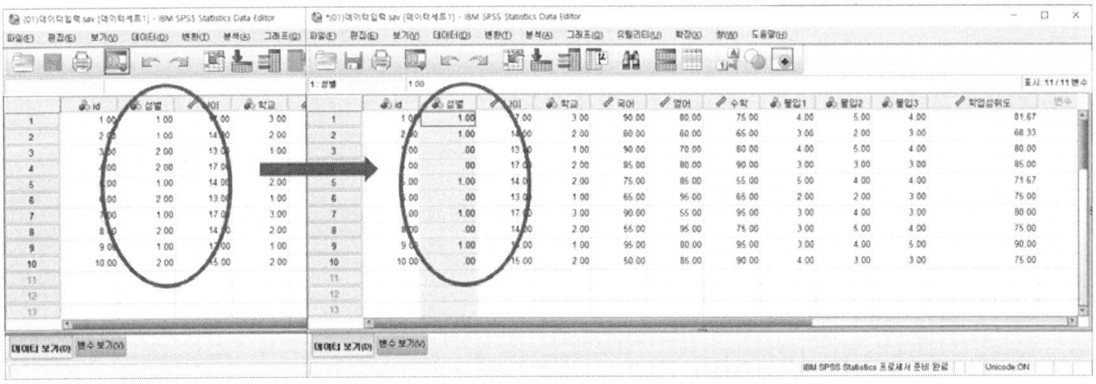

2장 요약

SPSS 25 실행

자료편집 저장 *.sav

분석결과 *.spv

명령실행 및 편집 *.sps

데이터 읽기

유형 1. 저장된 SPSS 파일 읽기

유형 2. 엑셀 파일 가져오기

유형 3. 일반 텍스트 가져오기

데이터 변환하기

새로운 변수 만들기

코딩 변경하기

2장 연 습 문 제

1. SPSS 데이터 입력 방법을 설명하시오.

2. SPSS 데이터 읽기 방법을 설명하시오.

3. SPSS 데이터 변환하기 방법을 설명하시오.

4. SPSS코딩시 4로 설정한 값을 1로 변경하고자 할 때 그 방법을 설명하시오.

메 모

Chapter 3

빈도 분석

제3장 ●●●

빈도 분석

수집한 데이터의 빈도(Frequency)를 파악하여 전체적 집단의 특징을 알 수 있다. 예를 들어, 남학생이 여학생 보다 두 배 더 많다던지 학생들이 평균보다 성적이 높은 학생이 많다고 할 때 빈도 분석을 통해 전체 집단의 특징을 말하고 있는 것이다.

빈도 분석을 위해서는 범주형과 연속형으로 구분해 볼 수 있다. 범주형 변수는 남녀처럼 구분이 되어 빈도표, 막대그래프, 원그래프 등으로 쉽게 비교하며 분석해 볼 수 있다. 반면, 연속형 변수는 성적과 같이 연속적인 점수로 생각해 볼 수 있다. 이러한 점수에서는 임의로 범위를 지정하여 빈도표를 만들거나 히스토그램 등으로 집단의 특징을 살펴볼 수 있다.

1 범주형 빈도 분석

1.1 빈도 분석 실행

❶ 빈도분석 메뉴 선택 ([분석(A)-기술통계(E)-빈도분석(F)] 메뉴선택)

(04)빈도분석.sav 파일을 불러오자. 그리고 [분석(A)-기술통계(E)-빈도분석(F)] 메뉴를 선택한다.

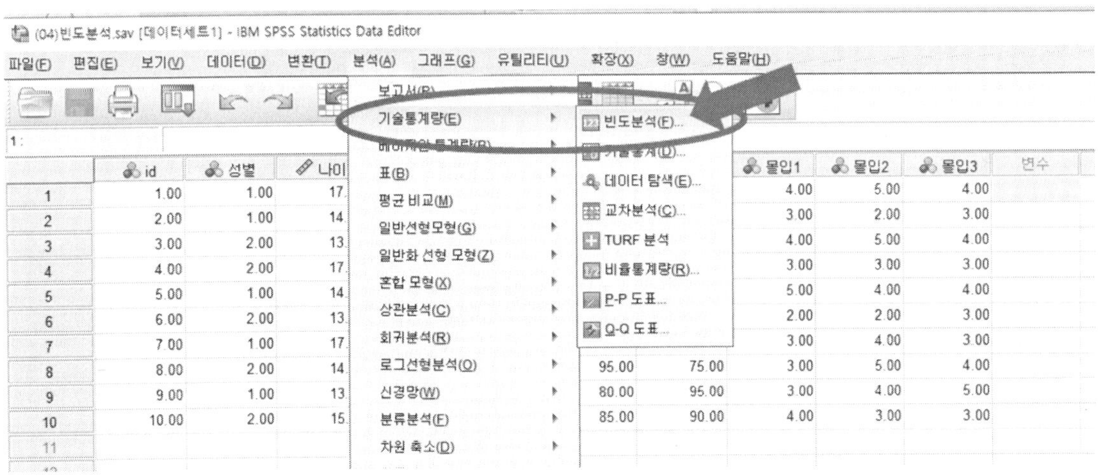

❷ 범주형 결과 설정

[변수(V)]내 목표로 하는 변수를 옮겨 놓는다. 이후 [차트(C)]와 [형식(F)]를 선택하여 막대형 차트나 원형차트 등을 빈도 혹은 퍼센트를 기준으로 설정한 후 빈도분석 창에서 [확인]을 클릭한다. 통계량(S)은 평균, 표준편차, 사분위 점수 등 연속형 빈도분석에서 살펴보자.

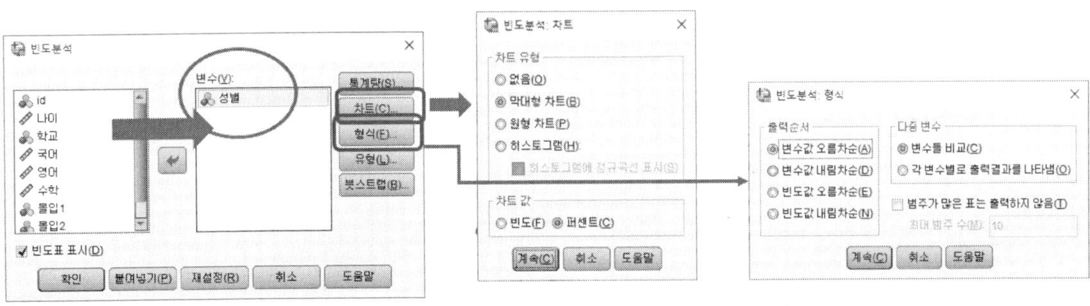

❸ 결과 화면

결과 화면에서 전체 연구대상 10명 중 5명 50% 남자, 5명 50% 여자로 나타났다.

통계량

성별

N	유효	10
	결측	0

성별

		빈도	퍼센트	유효 퍼센트	누적 퍼센트
유효	남자	5	50.0	50.0	50.0
	여자	5	50.0	50.0	100.0
	전체	10	100.0	100.0	

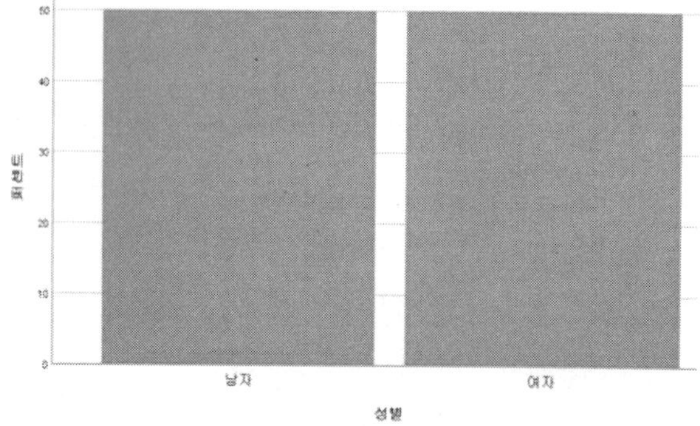

2 연속형 빈도 분석

1.1 빈도 분석 실행

❶ 빈도분석 메뉴 선택 ([분석(A)-기술통계(E)-빈도분석(F)] 메뉴선택)

(04)빈도분석.sav 파일을 불러오자. 그리고 [분석(A)-기술통계(E)-빈도분석(F)] 메뉴를 선택한다.

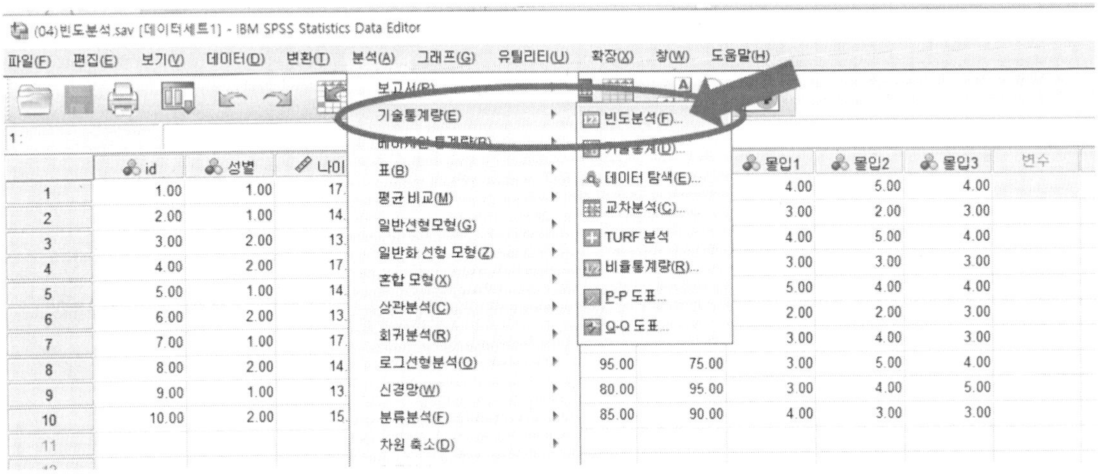

❷ 연속형 결과 설정

[변수(V)]내로 목표로 하는 변수를 옮겨 놓는다. 여기서는 연속형 변수에 해당하는 국어, 영어, 수학 성적이다.

이후 [통계량(S)] 버튼을 누르면 백분위값, 중심경향, 산포도, 사후 분포 특성화 등을 선택할 수 있다. [차트(C)]와 [형식(F)]를 선택하여 연속형 변수 빈도분석에 적합한 히스토그램(H)와 히스토그램에서 정규곡선 표시(S)를 클릭한다. 부트스트랩(B)은 가상의 데이터를 만들어 실행할 수 있는 기능이다. 여기서는 활성화 시키지 않고 돌려보자.

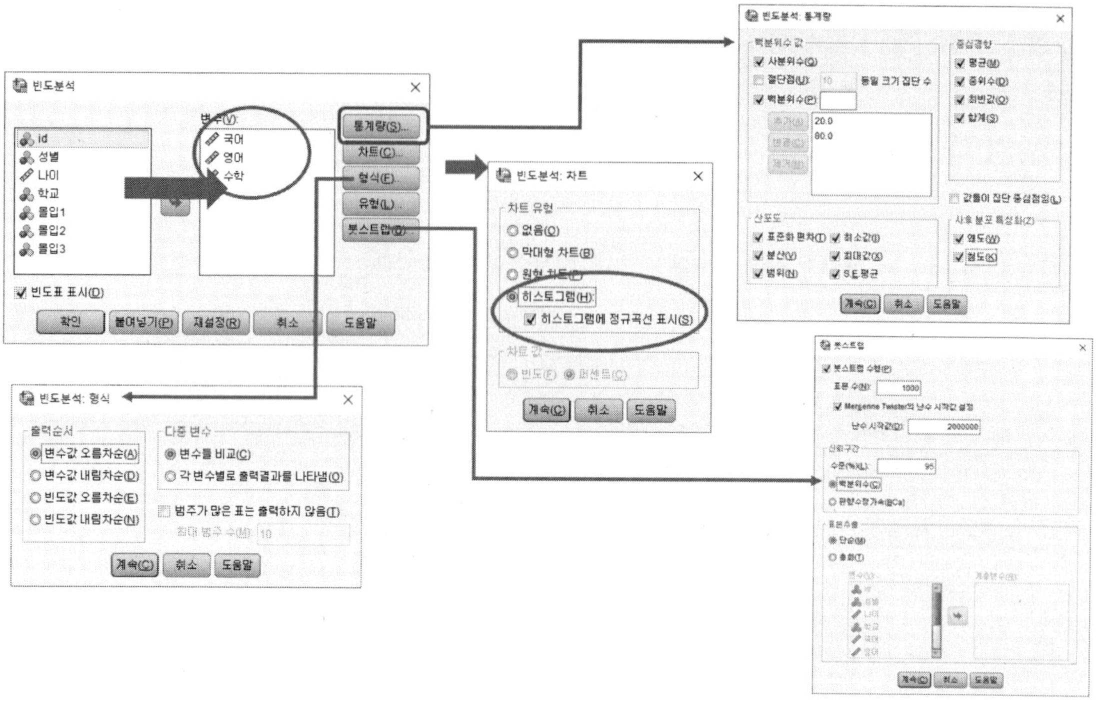

통계량

		국어	영어	수학
N	유효	10	10	10
	결측	0	0	0
평균		77.5000	78.5000	78.5000
표준화 평균 오차		5.01387	4.21966	4.41273
중위수		82.5000	80.0000	77.5000
최빈값		90.00	80.00	65.00[a]
표준화 편차		15.85525	13.34375	13.95429
분산		251.389	178.056	194.722
왜도		-.784	-.607	-.304
표준화 왜도 오차		.687	.687	.687
첨도		-.807	-.352	-1.145
표준화 첨도 오차		1.334	1.334	1.334
범위		45.00	40.00	40.00
최소값		50.00	55.00	55.00
최대값		95.00	95.00	95.00
합계		775.00	785.00	785.00
백분위수	20	57.0000	62.0000	65.0000
	25	62.5000	67.5000	65.0000
	50	82.5000	80.0000	77.5000
	75	90.0000	87.5000	91.2500
	80	90.0000	93.0000	94.0000

a. 여러 최빈값이 있습니다. 가장 작은 값이 나타납니다.

연속형 빈도분석의 결과로 통계량, 빈도표, 히스토그램을 살펴볼 수 있다.

국어

		빈도	퍼센트	유효 퍼센트	누적 퍼센트
유효	50.00	1	10.0	10.0	10.0
	55.00	1	10.0	10.0	20.0
	65.00	1	10.0	10.0	30.0
	75.00	1	10.0	10.0	40.0
	80.00	1	10.0	10.0	50.0
	85.00	1	10.0	10.0	60.0
	90.00	3	30.0	30.0	90.0
	95.00	1	10.0	10.0	100.0
	전체	10	100.0	100.0	

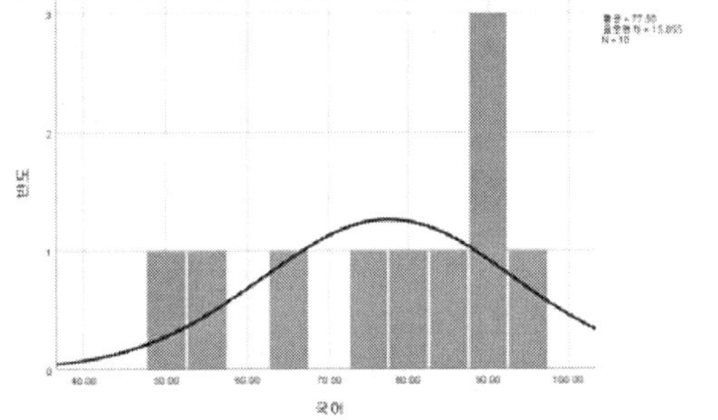

영어

		빈도	퍼센트	유효 퍼센트	누적 퍼센트
유효	55.00	1	10.0	10.0	10.0
	60.00	1	10.0	10.0	20.0
	70.00	1	10.0	10.0	30.0
	80.00	3	30.0	30.0	60.0
	85.00	2	20.0	20.0	80.0
	95.00	2	20.0	20.0	100.0
	전체	10	100.0	100.0	

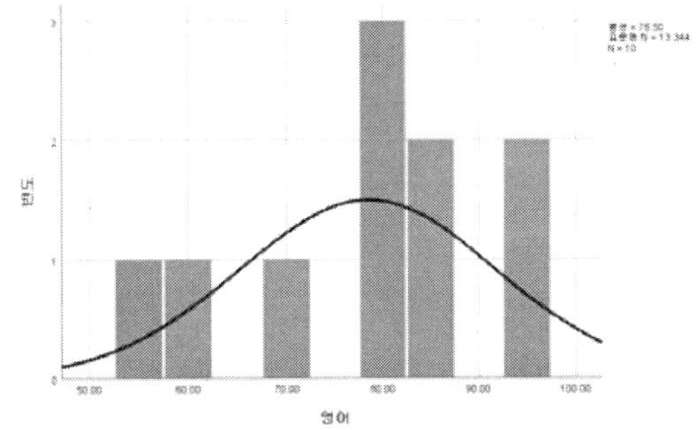

수학

		빈도	퍼센트	유효 퍼센트	누적 퍼센트
유효	55.00	1	10.0	10.0	10.0
	65.00	2	20.0	20.0	30.0
	75.00	2	20.0	20.0	50.0
	80.00	1	10.0	10.0	60.0
	90.00	2	20.0	20.0	80.0
	95.00	2	20.0	20.0	100.0
	전체	10	100.0	100.0	

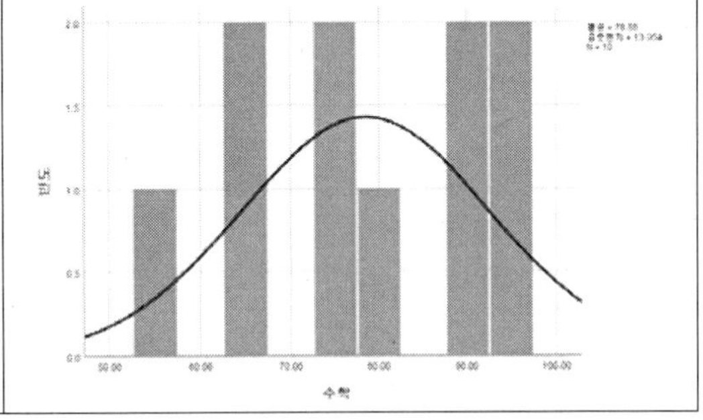

3 빈도 분석을 활용한 교육 연구

허균(2008). 만족도 및 SWOT 분석을 통한 교육 CEO 연수 프로그램 발전 방안 연구. 경영교육연구, 51, 325-346.

연수 결정에 영향을 준 요인(허균, 2008)

코드	빈도 (%)	코드 내용 요약	우선요인
A1	7 (21)	인적네트워크나 정보교류 및 교환 목적	2
A2	6 (18)	자기 발전 및 개발을 위함	3
A3	14 (42)	**교육 CEO로서 전문성 함양**	1
A4	2 (6)	대학 주최(경험의 특이성)	
A5	2 (6)	주위 권유	
A6	2 (6)	기타	

분석결과, 교육 CEO 프로그램 과정의 연수결정에 영향을 준 요인에 관해 묻는 심층적 질문에 대해 많은 응답자들이 '교육 CEO로서의 전문성 함양'과 '인적 네트워크나 정보교류', '자기개발'을 이유로 들고 있었다. 이것은 학교에서 교장 역할을 보다 효율적이고 효과적으로 수행하기 위해 '전문성'을 획득해야 한다고 인식하고 있었다. '전문성' 획득은 여러 분야의 CEO들의 다양한 경험들과 정보교환을 통해 인식되어야 하고 이를 위해서는 '인적네트워크'가 중요하다. 이러한 맥락에서 교육 CEO 프로그램 연수 결정에 커다란 영향을 끼친 것으로 보고하고 있다. 또, 많은 응답자가 '자기 발전과 개발'의 관점에서도 연수를 결정한 것으로 보고하고 있다. 위 [표]는 심층적 질문의 응답결과를 양적으로 유형화하여 분류한 것을 나타낸다(허균, 2008 재인용).

연구아이디어

○ 연구주제 :

○ 관련연구 및 이론 :

○ 연구방법/통계분석방법 :

○ 예상결과 :

3장 요약

빈도분석

빈도(Frequency)를 파악하여 전체 집단 특징 파악

범주형 빈도분석

남녀처럼 구분된 변수의 빈도분석

연속형 빈도분석

성적과 같이 연속적인 점수로 된 변수의 빈도분석

빈도 분석을 활용한 교육 연구

3장 연습문제

* 빈도분석을 활용하여 물음에 답하시오.

1. 점수의 범위, 평균, 중위수, 최빈값을 구하시오.

2. 점수의 사분위수를 구하시오.

3. Z 점수 구하시오.

4. Z 점수의 평균과 표준편차를 구하시오.

메 모

Chapter 4

기술통계분석과 그래프

1. 기술통계분석
2. 그래프
3. 기술통계분석을 활용한 교육 연구

제4장 • • •

기술통계분석과 그래프

기술통계분석은 주어진 자료들의 정보를 요약해서 통계적 기술값을 제시한다. 많은 연구에서는 기술통계분석을 기본적으로 제시하여 연구 결과를 제시하고 있다. 빈도분석과 방법이나 결과가 거의 유사하다.

1 기술통계분석

1.1 기술통계분석 실행

❶ 기술통계 메뉴 선택 ([분석(A)-기술통계량(E)-기술통계(D)] 메뉴선택)

(04)빈도분석.sav 파일을 불러오자. 그리고 [분석(A)-기술통계량(E)-기술통계(D)] 메뉴를 선택한다.

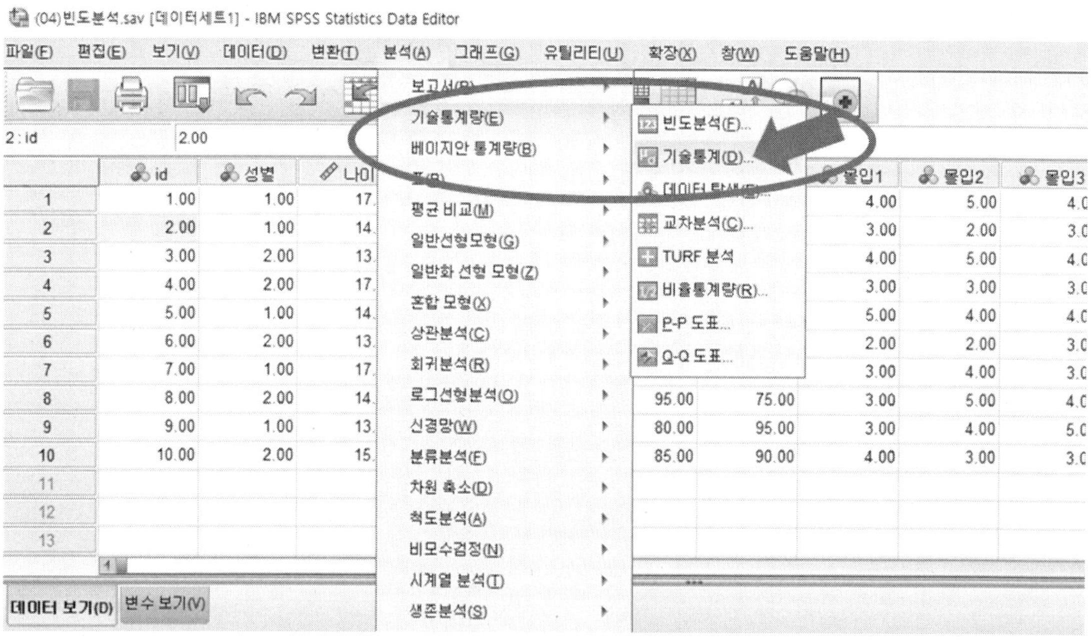

❷ 범주형 결과 설정

변수들 중 분석하고자 하는 변수를 [변수(V)]내로 옮겨 놓는다. [옵션(O)]을 선택하여 기술통계치로 들어갈 내용들을 선택한다. [표준화 값을 변수로 저장(Z)]를 클릭하면 원본 파일에 Z점수가 계산된 변수들이 생성된다.

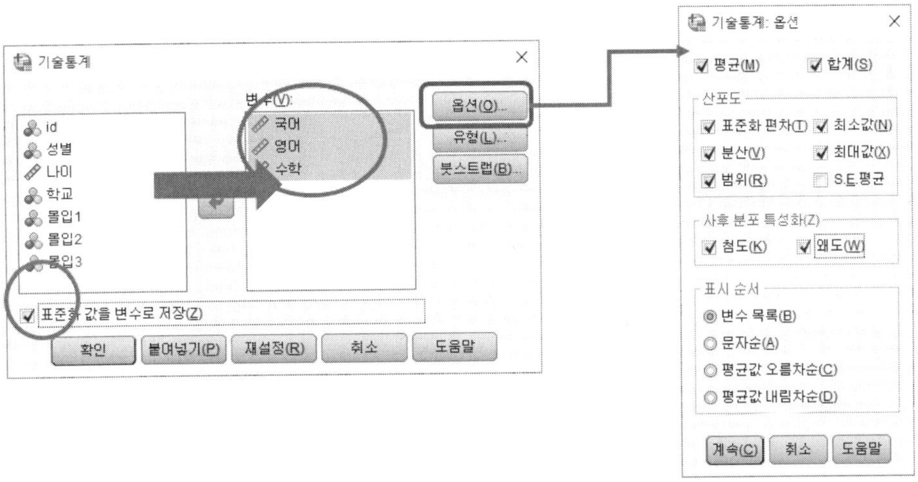

❸ 결과 화면

결과 화면에서 전체 연구대상 10명 중 5명 50% 남자, 5명 50% 여자로 나타났다.

기술통계량

	N	범위	최소값	최대값	합계	평균	표준편차	분산	왜도		첨도	
	통계량	통계량	통계량	통계량	통계량	통계량	통계량	통계량	통계량	표준오류	통계량	표준오류
국어	10	45.00	50.00	95.00	775.00	77.5000	15.85525	251.389	-.784	.687	-.807	1.334
영어	10	40.00	55.00	95.00	785.00	78.5000	13.34375	178.056	-.607	.687	-.352	1.334
수학	10	40.00	55.00	95.00	785.00	78.5000	13.95429	194.722	-.304	.687	-1.145	1.334
유효 N(목록별)	10											

아래에서와 같이 국어, 영어, 수학의 Z점수가 계산되어 Z국어, Z영어, Z수학이 생성된 것을 확인할 수 있다.

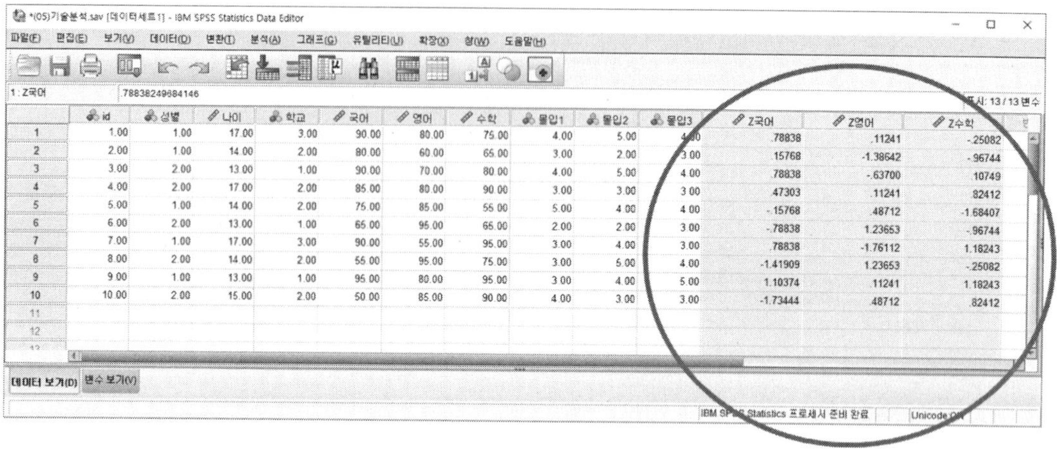

2 그래프

다른 통계 패키지와 비교해서 SPSS는 그래프 기능은 강력한 기능 중 하나다. 그래프 작성이 편리하고 다양한 편집기능도 제공한다. 이번 절에서는 차트작성기, 그래프보드 양식 선택기, 레거시 대화상자를 이용해 보자.

2.1 차트 작성기 이용

❶ 차트 작성기기 메뉴 선택 ([그래프(G)-차트작성기(C)])

(04)빈도분석.sav 파일을 불러오자.

그리고 [그래프(G)-차트작성기(C)] 메뉴를 선택한다.

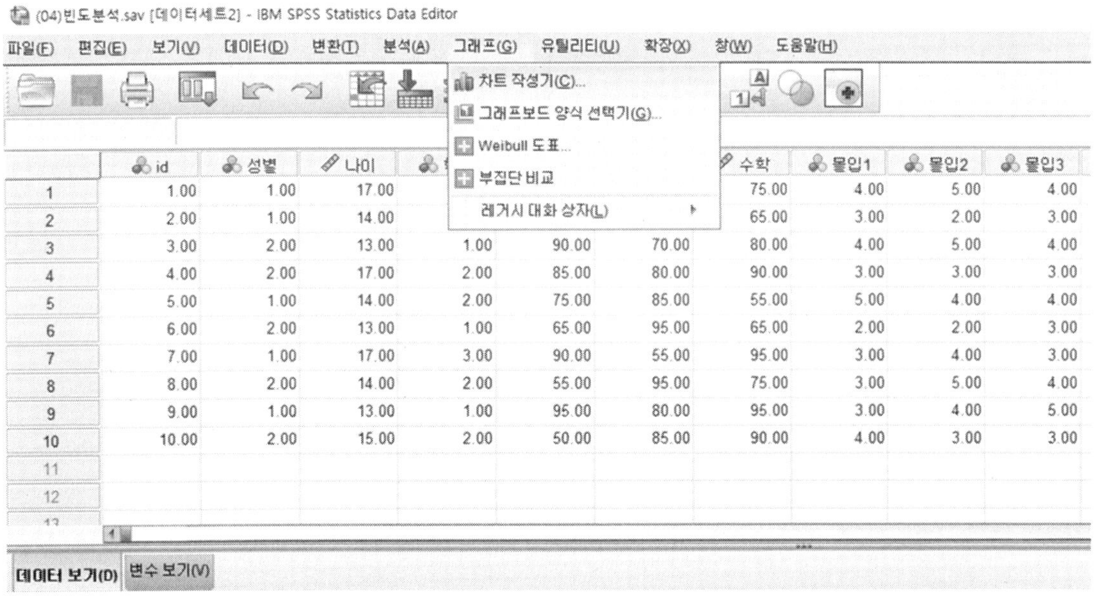

❷ 변수 '나이'의 막대그래프 그리기

여러 가지 그래프를 자유롭게 선택해 보자. 간단한 실습을 위해 [갤러리]에서 [막대형 차트]를 선택하고, [단순막대도표]를 더블클릭한다. 그러면 위쪽의 차트 미리보기가 활성화 된다.

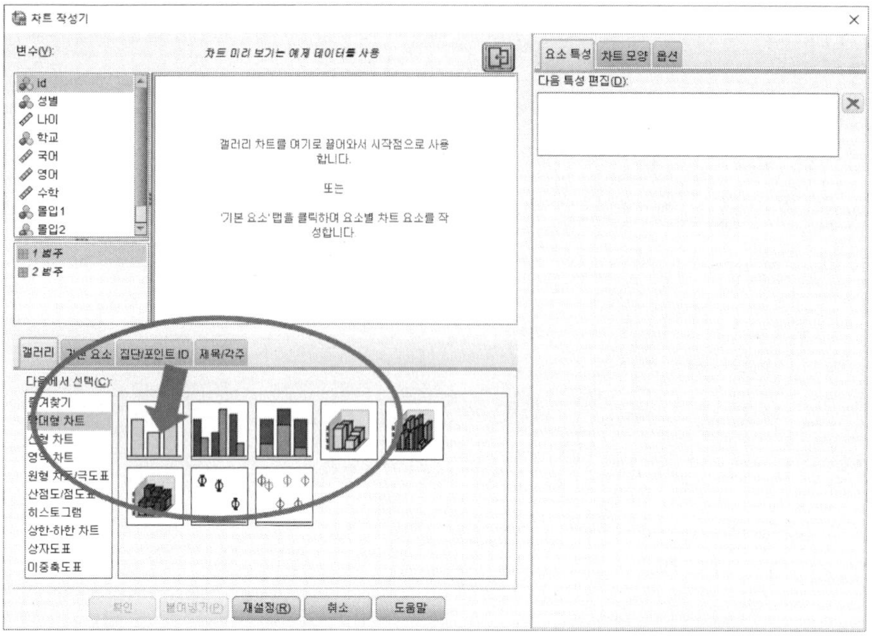

변수(V)의 나이를 드래그해서 x축에 놓으면 바로 적용이 된다. 좀 더 자세한 내용은 우측의 [요소특성]에서 제목, x축, y축 등 여러 가지 요소들을 수정할 수 있다.

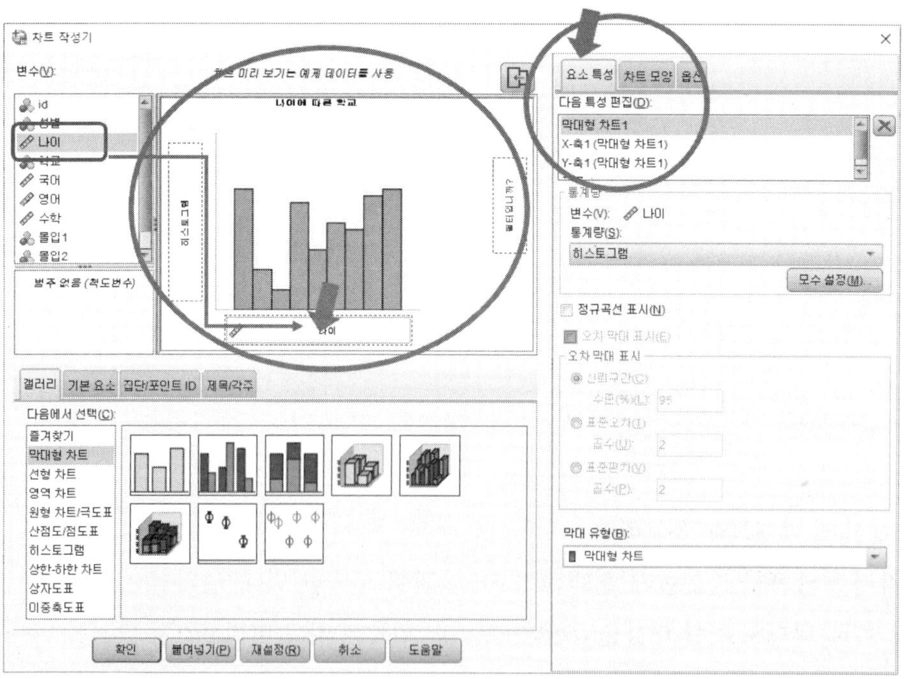

❸ 결과 화면

출력 결과 화면에서는 나이에 따른 학교 학생들의 결과를 막대그래프로 보여준다.

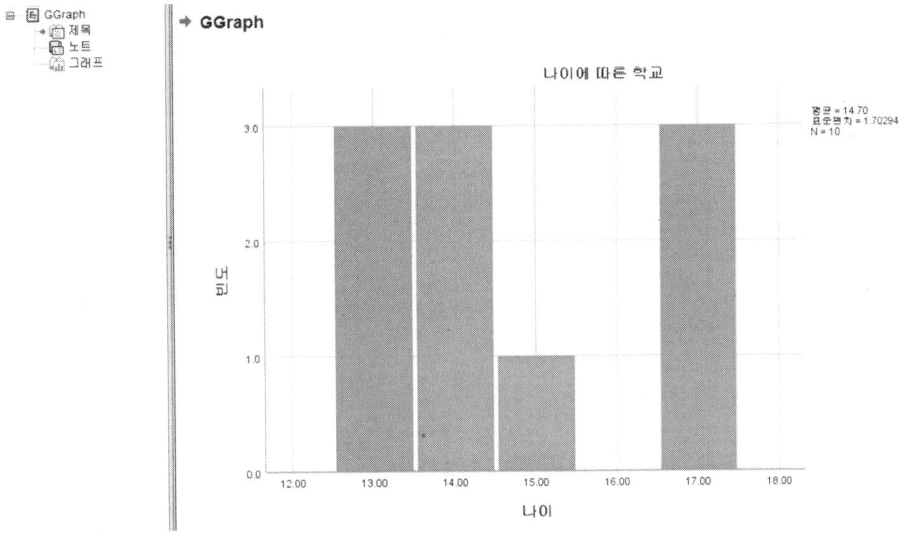

❹ 결과 차트 수정하기

수정 및 편집하려고 하려는 부분을 더블클릭하면 [도표 편집기]가 나타나고 손쉽게 수정할 수 있다.

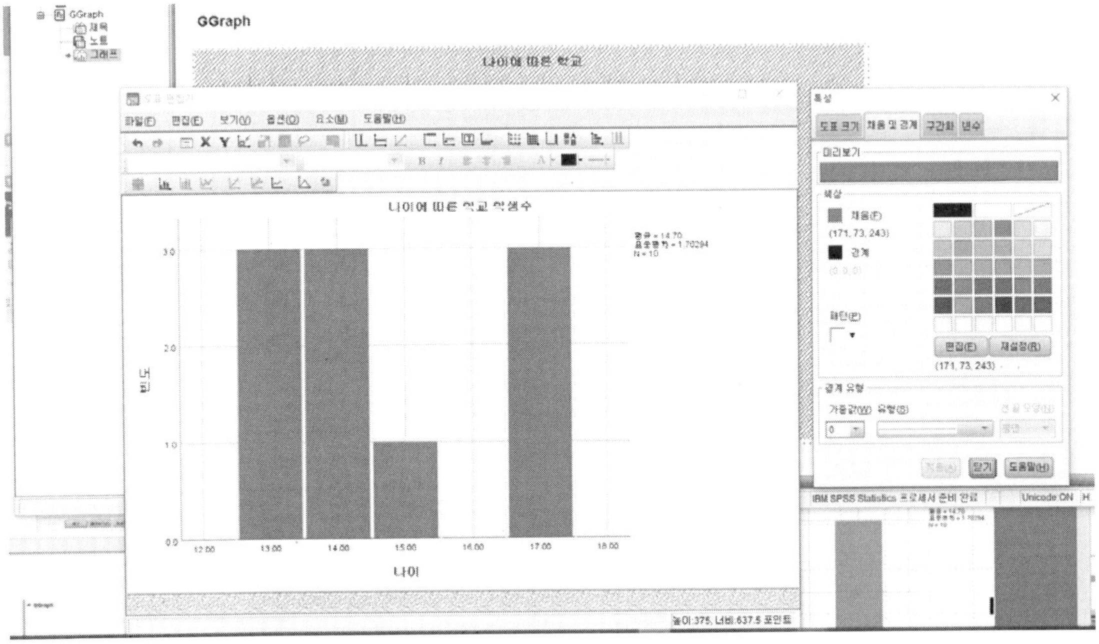

❺ 차트 응용하기

변수 '성별' 범주별로 변수에 '빈도', '영어', '수학' 점수 등의 다양한 차원으로 응요하여 나타낼 수 있다. 아래 그림은 평균 막대그래프 그리기를 위한 실행 화면이다.

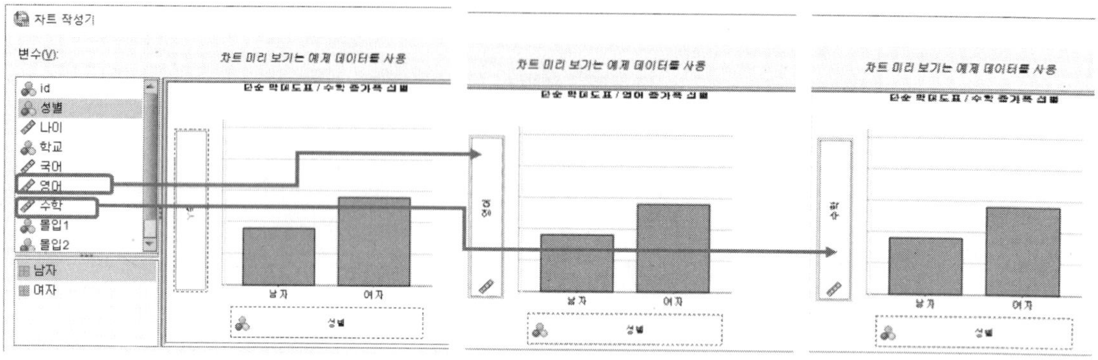

실행 결과는 아래 그림과 같다. 남학생과 여학생은 빈도에 있어서는 같다. 하지만, 영어점수에서는 여자가 높고, 수학점수는 남학생이 높은 것을 확인할 수 있다.

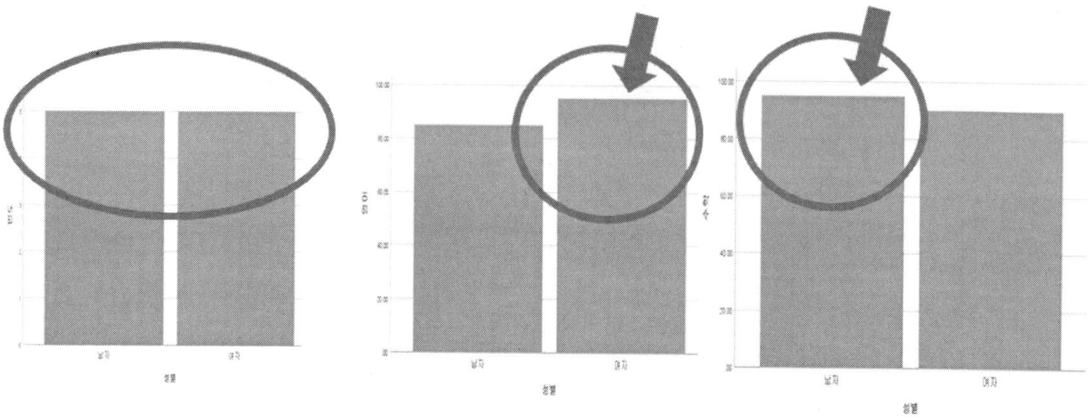

2.2 그래프보드 양식 선택기

그래프보드 양식 선택기는 미리 지정된 그래프를 간단히 선택하여 사용할 수 있는 기능이다.

❶ 그래프보드 양식 선택기 메뉴 선택 ([그래프(G)-그래프보드 양식 선택기(G)])

(04)빈도분석.sav 파일을 불러오자. 그리고 [그래프(G)-그래프보드 양식 선택기(G)]메뉴를 선택한다.

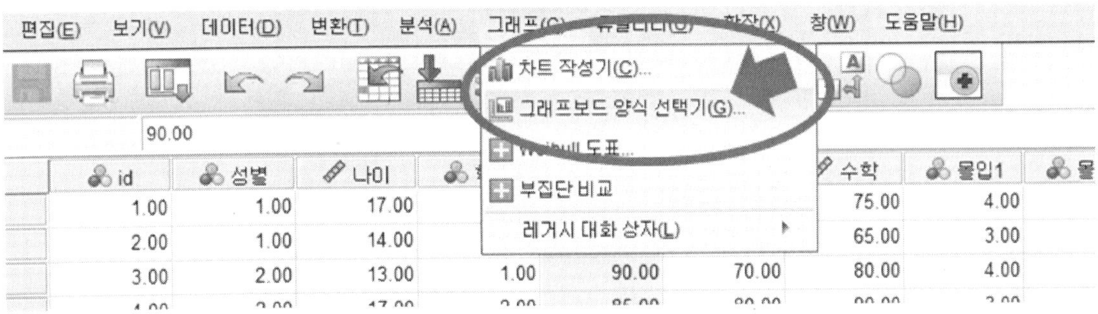

❷ 변수에 따른 그래프보드 템플릿

성별과 같은 범주형 변수는 좌측과 같은 템플릿, 수학성적과 같은 연속형 변수는 우측과 같은 템플릿을 제공한다.

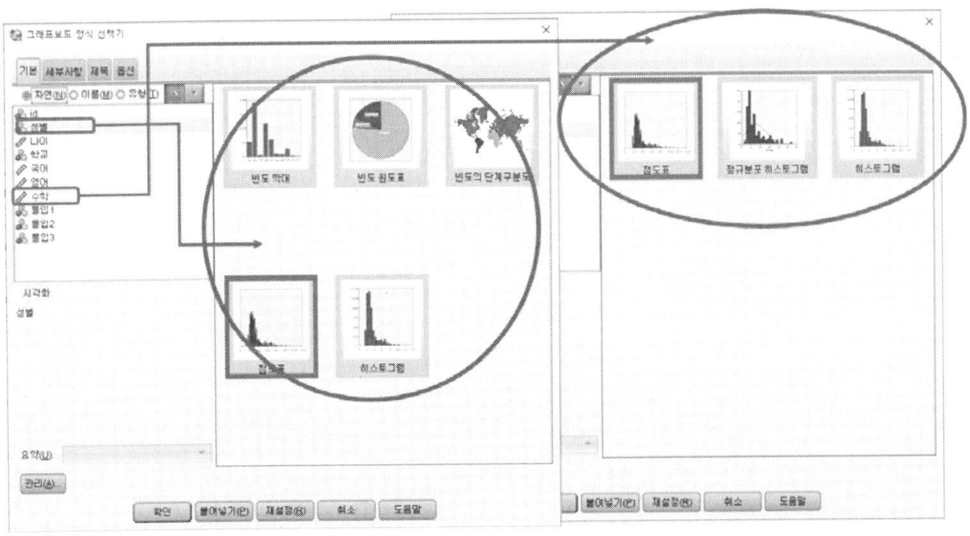

❸ 결과 화면

학교 변수를 파이차트 템플릿을 적용한 결과는 다음과 같다.

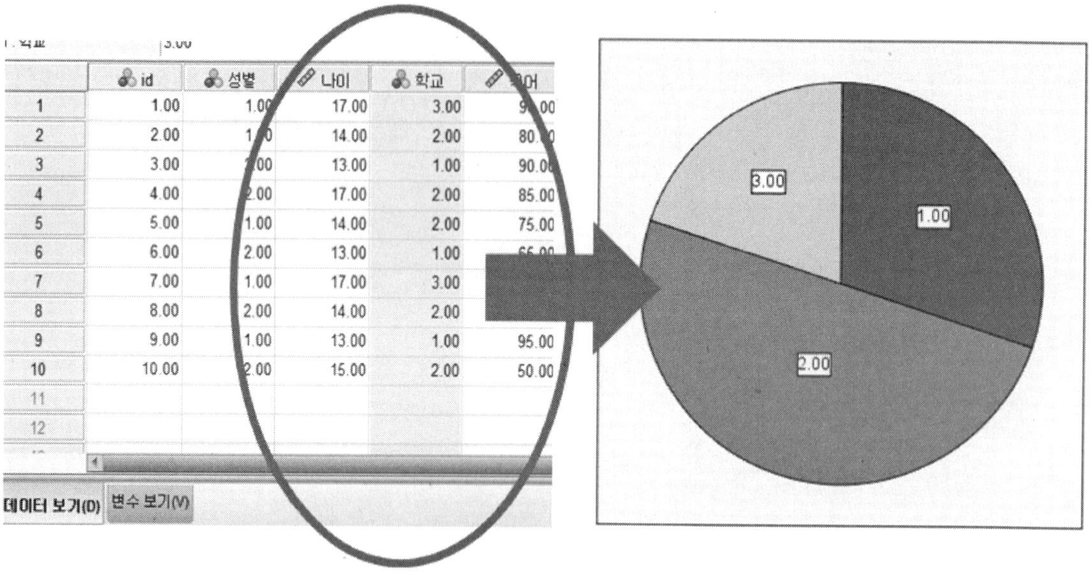

2.3 레거시 대화상자

레거시 대화 상자에는 막대형 차트, 3차원 막대형 차트, 선형 차트, 산점도, 히스토그램 등의 대화형 그래프를 제공하고 있다. 이 중 산점도를 그리는 방법을 살펴보자.

❶ 산점도 메뉴 선택 ([그래프(G)-레거시 대화 상자(L)-산점도/점도표(S)])

(04)빈도분석.sav 파일을 불러오자. 그리고 [그래프(G)-레거시 대화 상자(L)-산점도/점도표(S)] 메뉴를 선택한다.

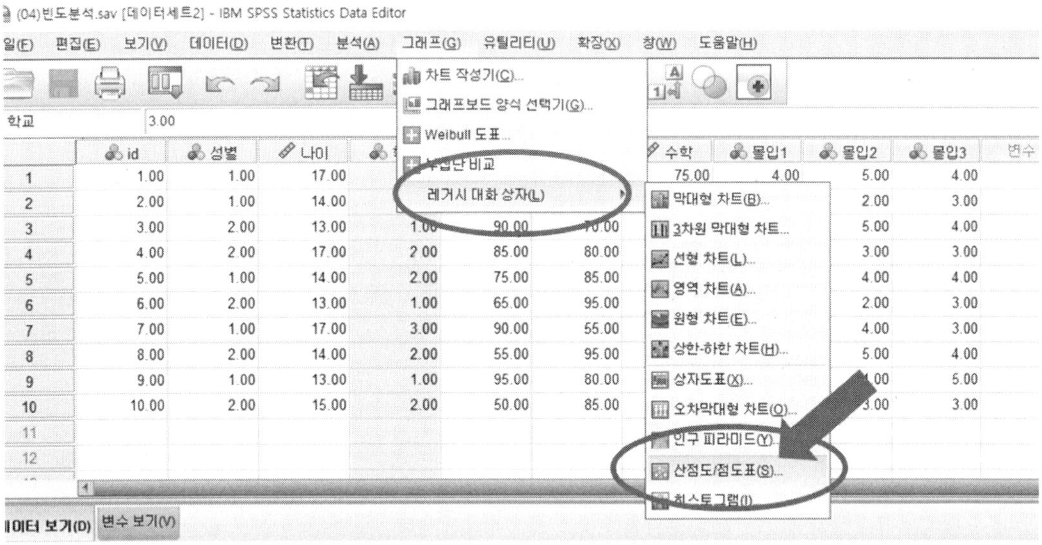

❷ 산점도 종류 선택(단순산점도)

수학과 영어 변수 사이의 산점도를 그려보자. 이를 위해 [단순산점도]를 선택하자.

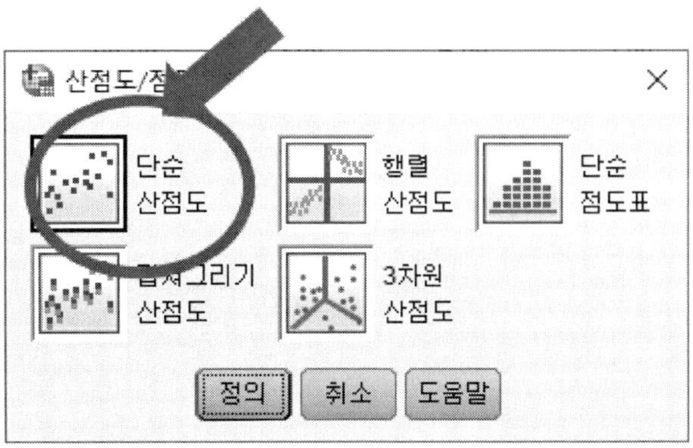

❸ 단순산점도 대화상자 설정 및 출력 결과

영어 성적과 수학 성적 간의 관계를 보기 위해 X축과 Y축을 각각 설정한다. 영어 성적과 수학 성적 간의 관계는 우측의 그래프와 같이 확인할 수 있다.

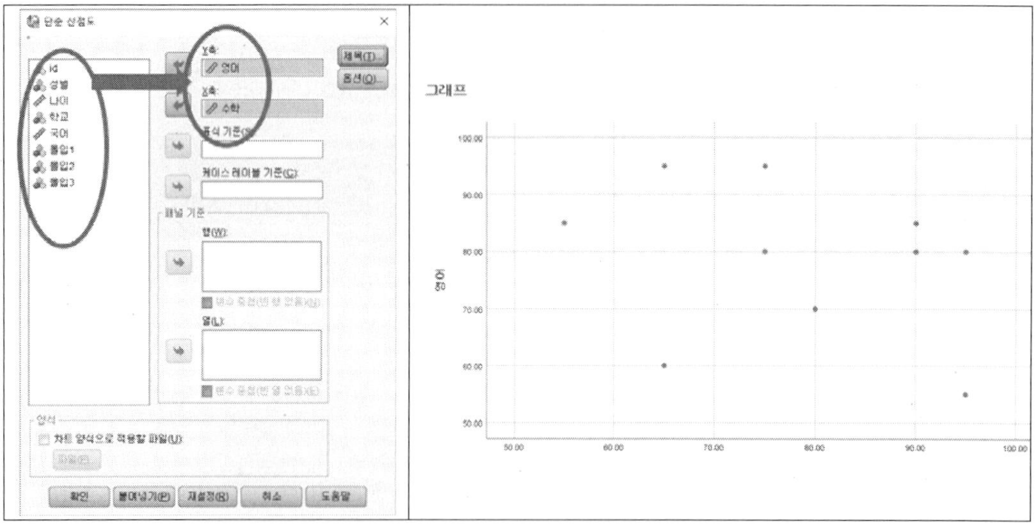

❹ 산점도 종류 선택(행렬산점도)

국어, 영어, 수학, 몰입1 변수들 사이의 행렬산점도를 그려보자. 이를 위해 [행렬산점도]를 선택하자.

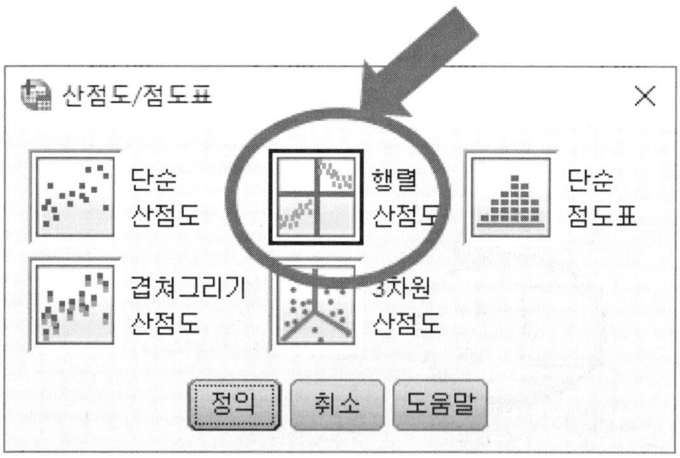

❺ 행렬 산점도 출력 결과

국어, 영어, 수학, 몰입1 변수들 사이의 행렬산점도를 나타내고 있다.

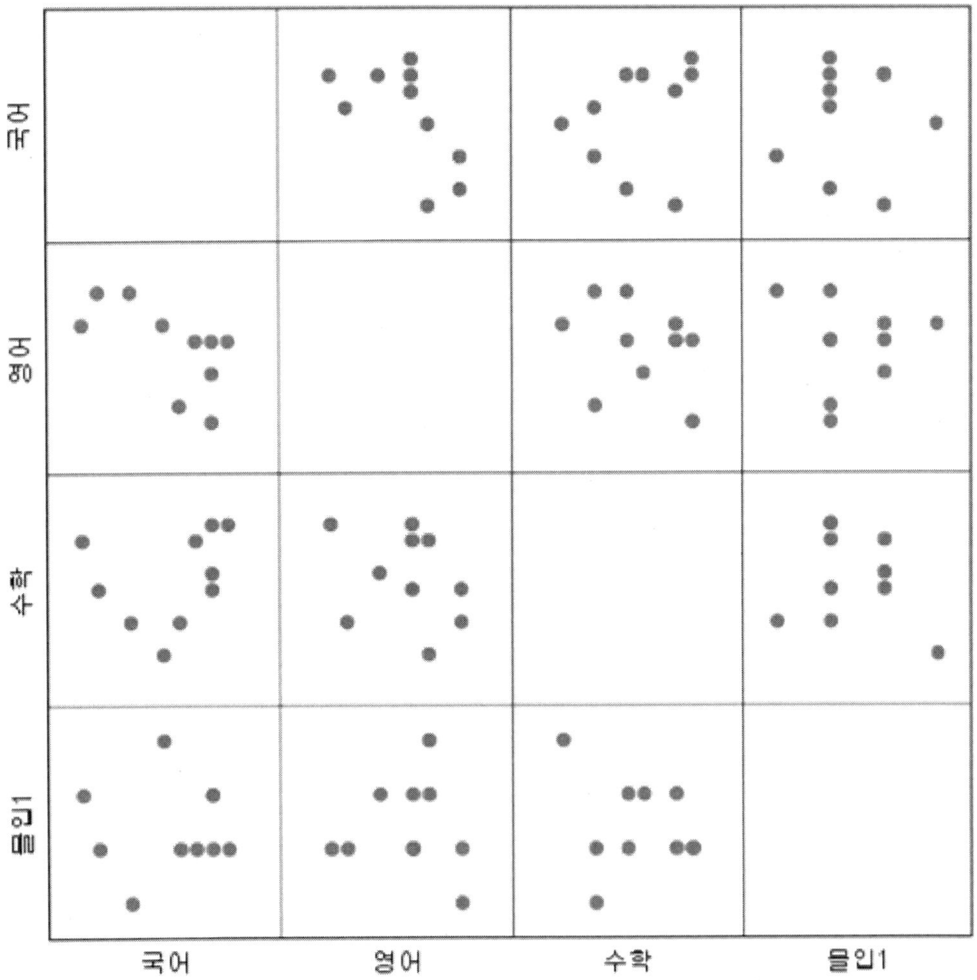

3 기술통계분석을 활용한 교육 연구

기술통계분석은 모든 논문에 기본적으로 보고하고 있다. 기술통계를 주요 연구방법으로 활용한 교육 연구들은 주로 설문들에 대한 결과를 보고하거나 측정 지표들에 대해 보고하는 경우가 많다. 본 장에서는 "학습자 인식 분석을 통한 여성 공학교육 방향 탐색 사례 연구"(허균, 원효헌, 이운식, 2007) 논문의 결과 정리를 살펴 보았다.

〈표 4.3.1〉 설문문항 내용 정리 예시(허균, 원효헌, 이운식, 2007 재인용)

성별에 따른 공학교육에 관한 인식도 차이검증(*t-test*) n=399 (남:206, 여:193)

주요 요소 (설문 문항 요지)	집단	평균	표준편차	*t* 값	비고
①-1 이해도 (내용)	남	2.86	.902	1.882	
	여	2.69	.845		
①-2 이해도 (교과이론)	남	3.05	.930	2.539*	
	여	2.82	.872		
② 만족도	남	3.09	.919	3.322**	
	여	2.78	.943		
③ 동기(학습의욕도)	남	3.31	.915	2.558*	
	여	3.07	.947		
④ 중요성	남	3.63	1.115	.748	
	여	3.55	.900		
⑤ 학습 능력	남	3.12	.878	3.148*	
	여	2.85	.812		
⑥ 내용 현실 반영도	남	3.03	.905	1.222	
	여	2.92	.926		
⑦ 미래 직무 응용도	남	3.02	.902	1.499	
	여	2.89	.940		
⑧ 부모 기대	남	3.84	1.048	4.007**	
	여	3.41	1.096		
⑨ 수업 즐거움	남	3.02	.902	3.753**	
	여	2.67	.992		
⑩ 수업 참여도	남	3.42	.858	1.650	
	여	3.28	.933		
⑪ 교과 점수 기대도	남	2.89	1.011	2.206*	
	여	2.67	.975		
⑫ 학업성취도	남	2.78	1.097	.575	
	여	2.71	1.052		

*p<.05, **p<.001

이 중 성별에 따른 공학교육에 대한 인식도 차이검증에서 남녀별 수치 및 각각의 문항에 대한 평균과 표준편차의 기술통계 결과를 기본적으로 보고하고 있다.

또한 아래 그림은 그래프를 활용하여 결과를 정리하는 예시를 나타낸다.

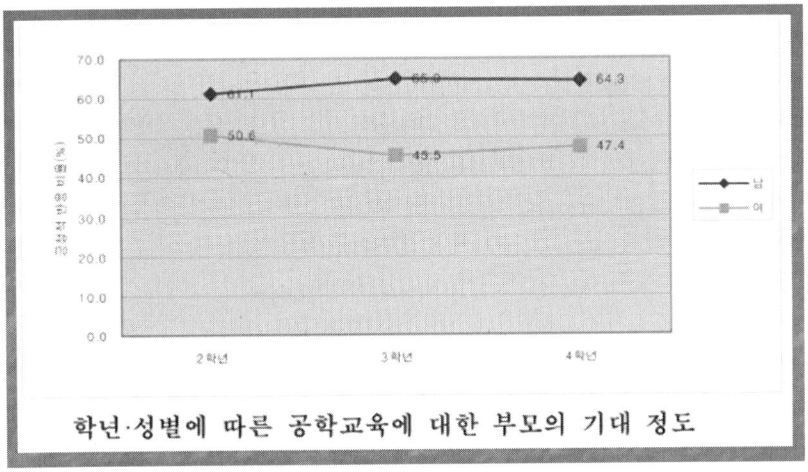

〈그림 4.3.1〉 그래프 사용 정리 예시(허균, 원효헌, 이운식, 2007 재인용)

허균(2008). 만족도 및 SWOT 분석을 통한 교육 CEO 연수 프로그램 발전 방안 연구. 경영교육연구, 51, 325-346.

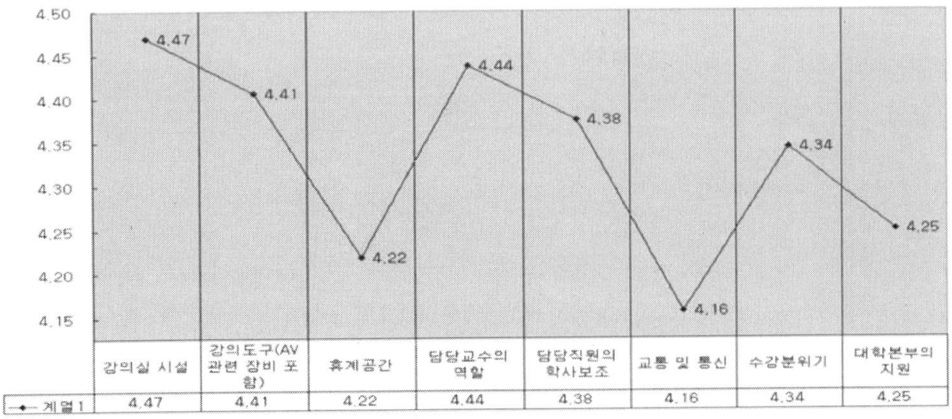

〈그림 4.3.2〉 운영기관에 대한 만족도(허균, 2008 재인용)

연구아이디어 1

○ 연구주제 :

○ 관련연구 및 이론 :

○ 연구방법/통계분석방법 :

○ 예상결과 :

연구아이디어 2

○ 연구주제 :

○ 관련연구 및 이론 :

○ 연구방법/통계분석방법 :

○ 예상결과 :

4장 요약

기술통계분석

주어진 정보를 요약해서 통계적 기술값을 제시

평균, 합계, 표준편차, 분산, 범위, 최소값, 최대값, 첨도, 왜도 등의 정보

그래프

SPSS의 강력한 그래프 기능

차트작성기, 그래프보드 양식 선택기, 레거시 대화상자

기술통계분석을 활용한 교육 연구

허 균, 원효헌, 이운식(2007). 학습자 인식 분석을 통한 여성 공학교육 방향 탐색 사례 연구, 공학교육연구, 10(3), 21-37.

허 균(2008). 만족도 및 SWOT 분석을 통한 교육 CEO 연수 프로그램 발전 방안 연구. 경영교육연구, 51, 325-346.

4장 연 습 문 제

(프로그램 작성 연습)

* 기술통계분석을 활용하여 물음에 답하시오.

1. 점수의 범위, 평균, 중위수, 최빈값을 구하시오.

2. 점수의 사분위수를 구하시오.

3. Z 점수 구하시오.

4. Z 점수의 평균과 표준편차를 구하시오.

메 모

Chapter 5

t분석

제5장 ●●●

t분석

t분석은 William Searly Grosset(1908)에 의해 개발되었다. 두 집단 이하의 평균 차이 비교를 통계적으로 유의하게 비교할 수 있다. 예를 들어, 집단 간 비교를 통해 특수한 '프로그램'이나 '교수법' 등의 효과성을 설득력 있게 말할 수 있다. t분석(t-test)을 통해 이러한 두 집단 간의 차이를 통계적으로 검증할 수 있다. 성별에 따른 차이, 프로그램 받은 사람들과 그렇지 않은 학생 집단의 차이, 실험 전 점수와 실험 후 점수 차이 등을 통계적으로 검증해 볼 수 있고, 이를 교육 연구에 적용할 수 있을 것으로 기대한다.

일반적으로 t-test를 활용하려면,

① 양적 종속변수
② 모집단 정규분포성
③ 비교 모집단의 분산 동일성

을 가정한다.

집단을 비교하기 전 미리 두 집단이 관계가 있는지 살펴볼 필요가 있다.

세 가지 종류의 관계 (① 지정된 점수가 있는 경우 ② 서로 독립적인 경우 ③ 서로 밀접한 관련이 있는 경우)를 생각해 볼 수 있다.

① 지정된 점수가 있는 경우: 지정된 점수나 기준이 있는 경우는 일표본 혹은 단일표본 t 검정(One-Sample t test)이다. 추출된 표본의 평균을 알고 있으나 모집단의 분산을 알지 못할 경우 이론이나 경험에 의한 설정 점수와 비교하는 검정방식이다.

② 서로 독립적인 경우: 두 집단이 서로 관련성이 없다면 서로 독립적이라고 할 수 있다. 이를 독립표본(independent samples)이라고 하고 '독립표본 t test'를 실시할 것이다. 남녀의 수학

적성을 비교하기 위해, 남녀 각각의 데이터를 독립적으로 수집하였다면 독립 표본이 될 것이다.

③ 서로 밀접한 관련이 있는 경우: 데이터가 서로 관련성이 있다면 대응표본(paired samples) 혹은 종속표본(dependent samples) 이라 한다. 새로운 프로그램으로 가르치기 전 수학성적을 수집한 다음, 같은 학생들에게 프로그램을 활용하고 난 후 수학 성적을 다시 한번 수집한다면 이는 서로 종속적인 관계가 있다. 이런 경우는 다음 절에서 소개되고 있는 '대응표본(종속표본) t-test' 를 실시해야 할 것이다.

비교항목	샘플(표본)수	검정방법	비고
평균	1	일표본 t-test	
	1	대응표본 t-test	
	2	독립표본 t-test	등분산
		Welch-Aspin test	등분산이 아닐경우
	2 이상	분산분석(ANOVA)	

1 일표본 t분석

지정된 점수가 있는 경우는 일표본 혹은 단일표본 t 검정(One-Sample t test)이다. 추출된 표본의 평균을 알고 있으나 모집단의 분산을 알지 못할 경우 이론이나 경험에 의한 설정 점수와 비교하는 검정방식이다.

예를 들어, 교사 연구자가 자신이 담당하는 고등학교 2학년 학생들의 영어교과 평균 점수가 66점이 나왔을 때, 작년도 전국 시험 평균점수인 68점과 같은지 알아보는 경우이다. 이를 통해 교사 연구자가 실시한 영어 교육에 대한 효과나 문제점을 고민해 볼 수 있을 것이다.

1.1 일표본 t 분석 사용

(05)일표본t분석.sav 파일을 불러오자. 여기는 가상의 고등학교 2학년 한 반 25명의 영어 모의고사 점수가 있다. 연구자는 작년도 전국 영어 시험 점수 평균인 68점과 비교하고자 한다.

❶ 일표본 메뉴 선택 ([분석(A)-평균 비교(M)-일표본 T검정(S)])

(05)일표본t분석.sav 파일을 불러온 후 [분석(A)-평균 비교(M)-일표본 T검정(S)]을 선택한다.

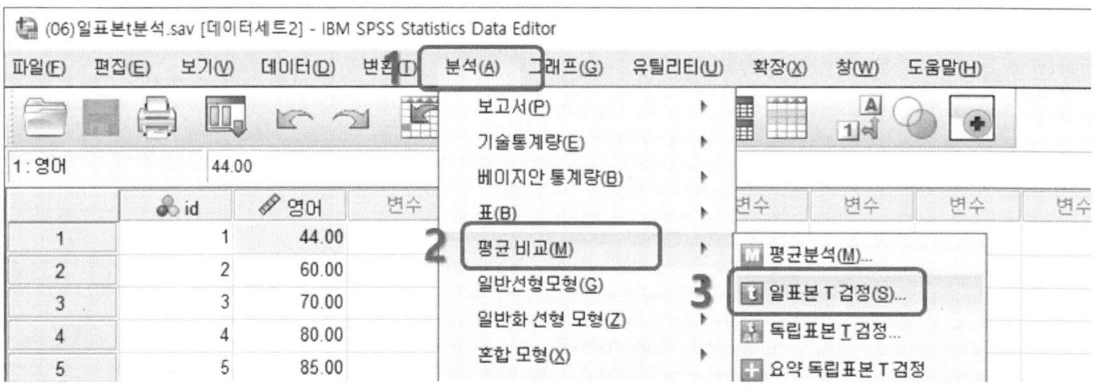

❷ 일표본 분석 설정

[검정 변수(T)]에 학생들의 영어 점수 변수를 옮겨 놓는다. 비교하고자 하는 작년도 전국 영어 시험 점수 평균인 68점을 넣는다. 옵션을 클릭해서 아래와 같이 설정한다.

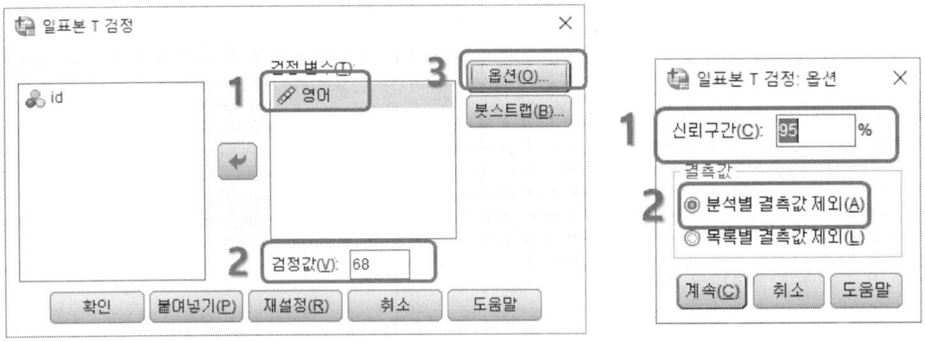

❸ 분석 결과 화면

일표본 통계량과 일표본 검정 결과가 나타난다.

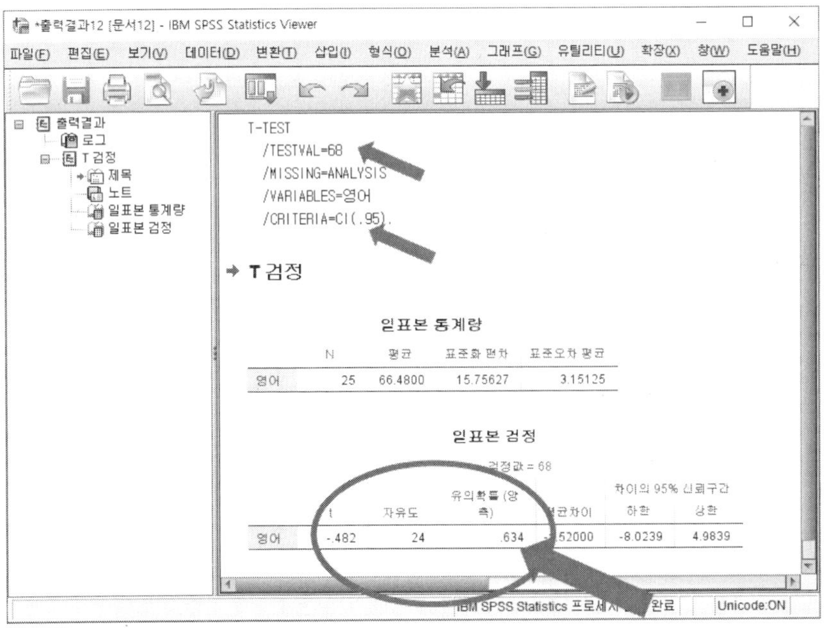

❹ 결과 해석

보고서에 적절한 양식에 맞게 결과를 보고하고 해석한다.

〈표 5-1-1〉 일표본 t 검정 결과

N	M(평균)	SD(표준편차)	t	p(유의확률)
25	66.48	15.76	-.482	.634

고등학교 25명의 영어모의고사 평가 결과, 평균은 66.48, 표준편차는 15.76으로 나타났다. t 값은 -.482이었고, 이에 대한 유의확률은 .634로 나타나 유의수준 .05에서 작년도 전국 시험 평균점수인 68점과 유의한 차이가 차이가 없다라고 할 수 있다. 이번 영어 모의고사는 작년과 유사하게 성적이 나왔다라고 생각할 수 있다. 통계결과를 바탕으로 교사 연구자가 이번에 실시한 영어 교육과 영어 평가 등에 대한 전반적인 효과나 문제점을 고민해 볼 수 있을 것이다.

2 독립표본 t분석

독립표본 t 검정(Two-Independent Samples t test)이란 서로 다른 두 집단의 평균을 비교해서 모집단간의 유사성을 비교하는 검정방식이다. 집단을 비교하기 전 두 집단이 서로 관계가 있는지 없는지 체크하자. 두 집단이 서로 관련성이 없다면 서로 독립적이라고 할 수 있다.

예를 들어, 교사 연구자가 자신이 담당하는 고등학교 2학년 학생들의 영어 성적을 성별에 따라 비교한다면 독립표본 t검정을 통해 분석할 수 있다. 이를 통해 연구자는 성별차이와 이러한 차이의 원인에 대해서 교육의 효과나 문제점 등에 대해 고민해 볼 수 있을 것이다.

2.1 독립표본 t 분석 사용

(07)독립표본t분석.sav 파일을 불러오자. 여기는 가상의 고등학교 2학년 남학생 25명과 여학생 25명의 영어 모의고사 점수가 있다. 연구자는 남학생과 여학생의 영어 점수에 차이가 있는지 비교하고자 한다.

❶ 독립표본 메뉴 선택 ([분석(A)-평균 비교(M)-독립표본 T검정(T)])

(07)독립표본t분석.sav 파일을 불러온 후 [분석(A)-평균 비교(M)-독립표본 T검정(T)]을 선택한다.

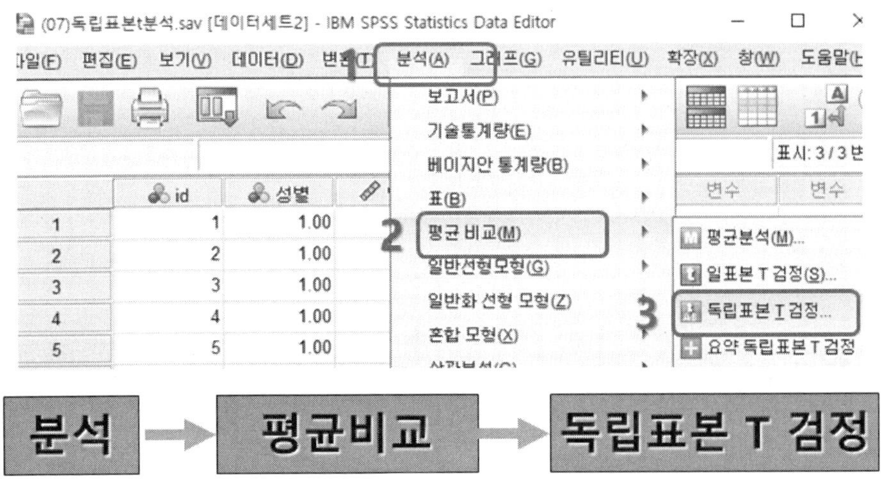

❷ 독립표본 분석 설정

[검정 변수(T)]에 학생들의 영어 점수 변수를 옮겨 놓고, [집단 변수(G)]에 성별 변수를 옮겨 놓는다. 다음으로 집단 정의에서 [지정값 사용(U)]에서 집단 1에 "1", 집단 2에 "2"를 넣고 [계속(C)] 버튼을 누른다. [옵션(O)]과 [붓스트랩(B)]는 필요에 따라 설정하고 확인을 누른다. 본 예제에서는 붓스트랩은 활성화 하지 않았다.

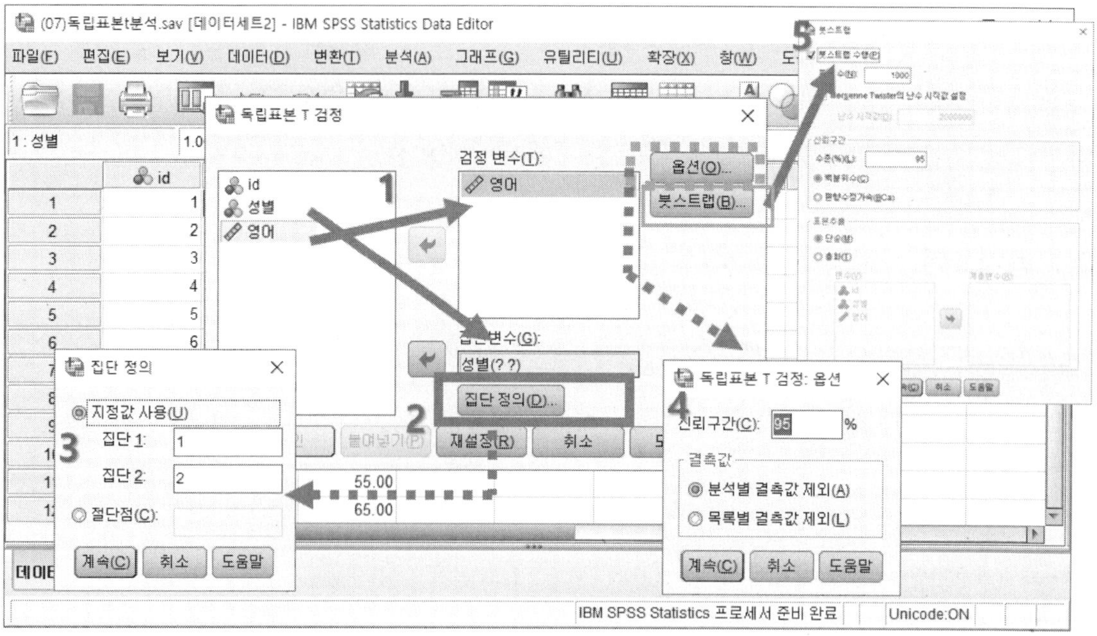

❸ 분석 결과 화면

독립표본 검정 결과가 나타난다.

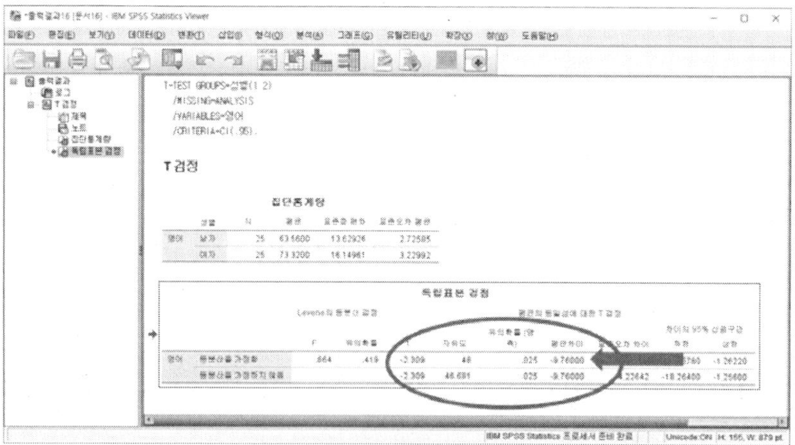

Levene의 등분산 검증결과 .419로 유의하지 않으므로, 두 집단은 분산이 같다고 할 수 있다. 등분산 가정이 성립되었으므로, 평균의 동일성에 대한 t-검정은 "등분산을 가정함" 결과를 해석한다. 만약 등분산 가정이 성립되지 않았다면, 아래 부분의 "등분산을 가정하지 않음" 부분의 통계값을 보고하거나 Welch-Aspin 검정을 실시하여 통계값을 보고한다.

본 결과에서는 t값이 −2.309로 나타났으며 유의확률은 .025로 나타났다. 따라서 영어성적에서 성별 차이가 있는 것으로 해석할 수 있다.

❹ 결과 보고

다양한 보고서에 적절한 양식에 맞게 결과를 보고하고 해석한다.

〈표 5-2-1〉 성별에 따른 영어 점수 차이 독립표본 t 검정 결과

Group	N	M	SD	t	p
남	25	63.56	13.63	-2.309	.025
여	25	73.32	16.15		

남학생들의 영어점수 평균은 63.56, 표준편차는 13.63이며, 여학생들은 평균 73.32, 표준편차 16.15로 나타났다. 성별에 따라 영어점수 차이가 있는지 통계분석 결과 t값은 −2.309, 유의확률은 .025로 유의수준 .05에서 성별에 따라 유의한 차이가 있는 것으로 나타났다. 통계결과를 바탕으로 교사 연구자는 성별에 따라 실시되었던 영어 활동 경험과 영어 평가 등에 대한 전반적인 효과나 문제점을 고민해 볼 수 있을 것이다.

3 대응표본 t분석

대응표본 t-test는 동일 집단을 시기에 따라 서로 다른 처치 후 두 시점간의 평균값의 차이를 비교하거나 두 집단의 차이를 확인하기 위해 반복 측정할 때 사용하는 검증방법이다. 예를 들어 동일한 집단에게 사전 검사와 사후 검사를 실시하였다면, 특정 처치나 프로그램의 효과를 대응표본 t-test를 통해 차이를 분석할 수 있다.

3.1 대응표본 t분석 사용

(08)대응표본t분석.sav 파일을 불러오자. 여기는 가상의 고등학교 학생 50명의 영어 모의고사 중간고사 점수와 기말고사 점수가 있다. 연구자는 중간고사 점수와 기말고사 점수에 차이가 있는지 비교하고자 한다.

❶ 대응표본 메뉴 선택 ([분석(A)]-[평균비교(M)]-[대응표본 T 검정(P)])

(08)대응표본t분석.sav 파일을 불러온 후 [분석(A)]-[평균비교(M)]-[대응표본 T 검정(P)]를 선택한다.

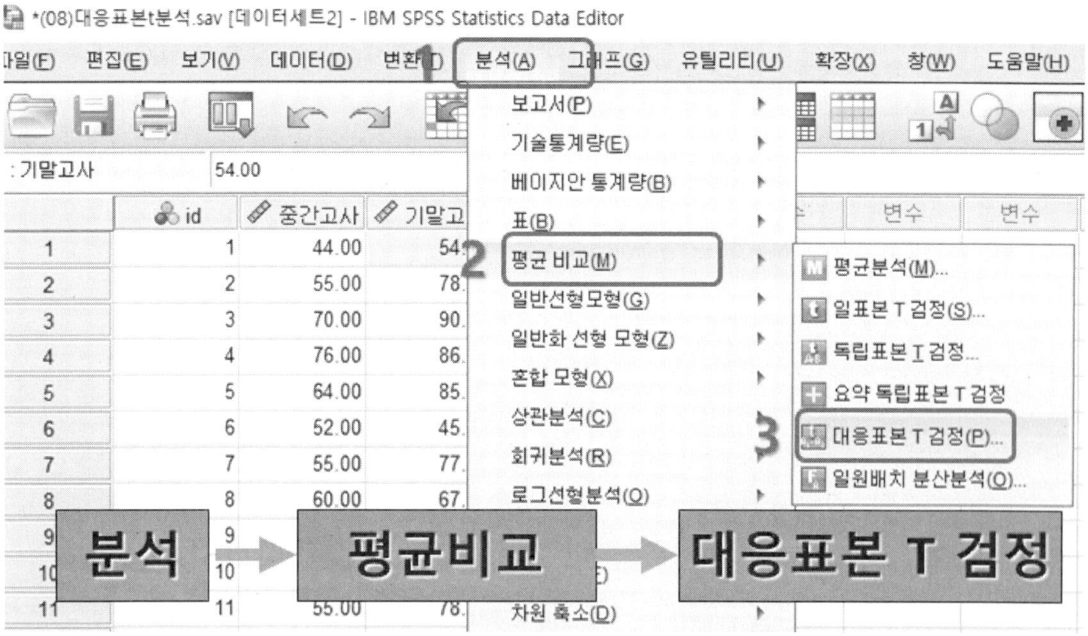

❷ 대응표본 분석 설정

[대응 변수(V)]의 [변수1]에 “중간고사”를 옮긴다. [변수2]에는 “기말고사”를 옮긴다. 변수1과 변수2가 대응변수인지 확인 후 [확인]을 클릭한다. 한다. [옵션(O)]과 [붓스트랩(B)]는 필요에 따라 설정하고 확인을 누른다. 본 예제에서는 붓스트랩은 활성화 하지 않았다.

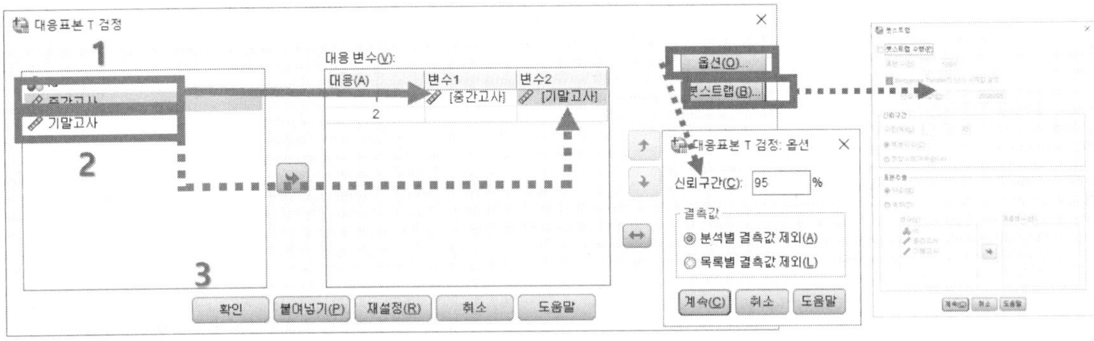

❸ 분석 결과 화면

대응표본 검정 결과가 나타난다.

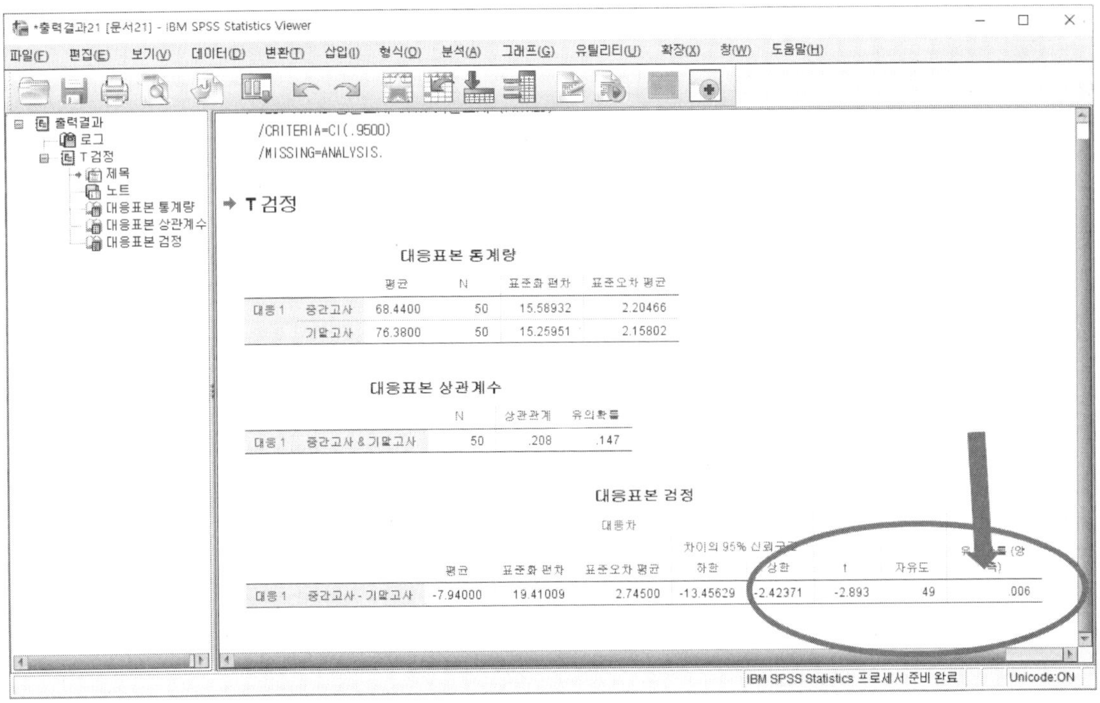

대응표본 통계량의 표를 통해 평균, 빈도수, 표준편차, 평균의 표준오차 항을 비교할 수 있다. 이에 따르면 중간고사 평균 점수는 68.44이었고 기말고사 평균 점수는 76.38이었다. 중간고사와 기말고사가 차이가 있는지 알아보기위해 대응표본 검정을 실시하였다. 검정결과, 대응차(paired difference)는 두 관점의 평균 차이 점수는 -7.94로 나타났다. 이 차이 점수를 통계적으로 t 값으로 변환될 수 있으며 그 값은 -2.893이다. 유의확률은 .006으로 통계적으로 유의한 것으로 나타나 중간고사와 기말고사는 유의한 차이가 있는 것으로 나타났다. 따라서 영어성적의 중간고사와 기말고사는 유의한 차이가 있는 것으로 해석할 수 있다.

❹ 결과 보고

다양한 보고서에 적절한 양식에 맞게 결과를 보고하고 해석한다.

〈표 5-3-1〉 중간고사와 기말고사 점수 차이 대응표본 t 검정 결과 (N=50)

기간	M	SD	t	p
중간고사	68.44	15.59	-2.893	.006
기말고사	76.38	15.26		

중간고사의 평균은 68.44, 표준편차는 15.59이며, 기말고사의 평균은 76.38, 표준편차는 15.26이다. 중간고사와 기말고사의 차이에 대한 통계적 유의성은 t값이 -2.893, 유의확률은 .006으로 유의수준 .05에서 영어성적에 대한 중간고사와 기말고사 성적은 차이가 있는 것으로 나타났다. 통계결과를 바탕으로 교사 연구자는 중간고사와 기말고사 사이에 실시되었던 영어 활동 경험, 교수법, 영어 평가 문항 등에 대한 전반적인 효과나 문제점 등을 고민해 볼 수 있을 것이다.

4 t분석을 활용한 교육 연구

허균(2008). 만족도 및 SWOT 분석을 통한 교육 CEO 연수 프로그램 발전 방안 연구. 경영교육연구, 51, 325-346.

주제별 강의 만족도 조사는 연수 수료 직후 만족도와 직장 복귀 후 8개월 후의 현장적용도를 동시에 비교 분석하였다. Kirkpatrick(1998)은 교육프로그램의 효과를 평가하기 위하여 연수 직후 결과뿐만 아니라 현업에 돌아가서 연수 참가자의 변화 정도도 중요한 평가 요인으로 보았다. 분석 결과는 [그림]과 같이 연수 수료 직후뿐만 아니라 직장 복귀 후에도 만족도가 높게 나타난 것을 확인할 수 있다. 또, [표]와 같이 강의 별로 대응표본 t 검정을 통해 전후의 만족도를 비교해 본 결과 통계적으로 유의한 차이가 있는 것으로 나타났다(허균, 2008 재인용).

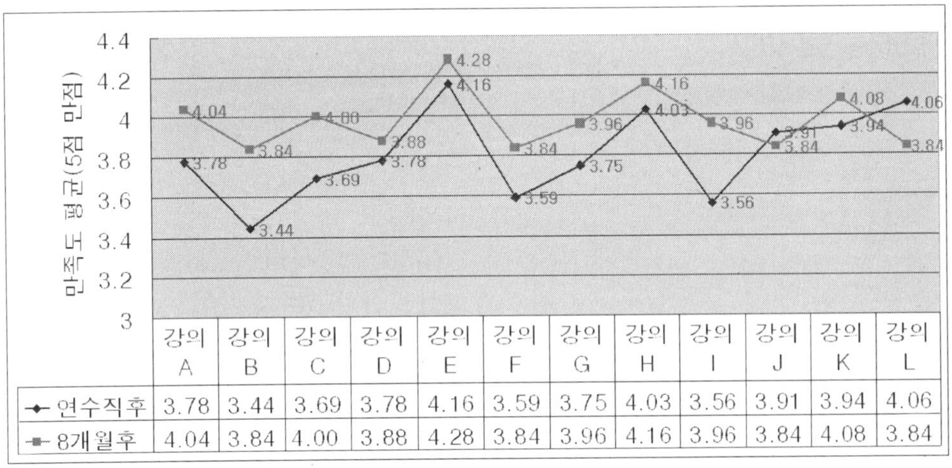

〈그림 5.4.1〉 주제별 강의 만족도 및 현장 적용도(허균, 2008 재인용)

〈표 5.4.1〉 강의 만족도에 대한 차이 분석 결과(허균, 2008 재인용)

강의별 만족도 유형	대응차		t값	유의확률
	평균	표준편차		
연수 직후 : 현장 복귀 후	-.16917	.18118	-3.234	.008**

** : 1% 수준에서 유의함

연구아이디어 1

○ 연구주제 :

○ 관련연구 및 이론 :

○ 연구방법/통계분석방법 :

○ 예상결과 :

연구아이디어 2

○ 연구주제 :

○ 관련연구 및 이론 :

○ 연구방법/통계분석방법 :

○ 예상결과 :

5장 요약

t분석

두 집단의 평균 차이

(가정) 양적 종속변수, 정규분포, 비교집단의 분산동일성

일표본 t분석

이론이나 경험을 통해 지정된 점수를 알고 있을 때 설정 점수와 평균 차이 분석

독립표본 t분석

서로 다른 두 집단 평균을 비교 검정 방식

대응표본 t분석

동일 집단의 서로 다른 시점이나 반복 측성시 비교 검정 방식

5장 연 습 문 제

1. 스마트폰의 교육 효과 유무를 알아보기 위해 10명에게 사전검사와 사후검사를 하였다. 검사 점수는 임의로 작성한 후 스마트폰의 교육 효과가 있는지 유의수준 .05 수준에서 검정하고 해석 하시오.

2. 멀티미디어 학습집단과 전통적 수업 집단의 점수를 가상으로 작성하고, 두 집단 간 차이가 있는지 t 검정을 통해 확인하시오.

메 모

Chapter 6

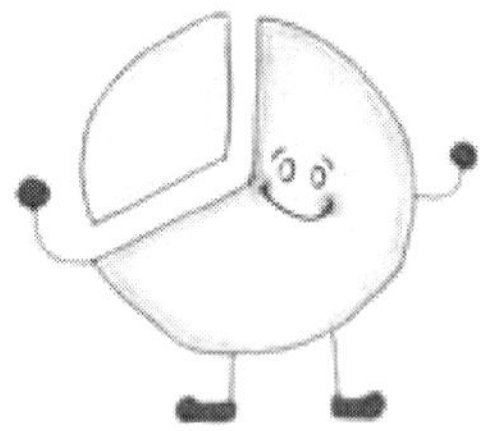

일원분산분석

1. 집단별 평균 분석
2. 일원배치 분산분석
3. 일원분산분석을 활용한 교육 연구

제6장 ● ● ●

일원분산분석

일원분산분석은 세 집단 이상의 차이를 비교하기 위해 ANOVA(변량분석, ANalysis Of VAriance)를 사용하며 F 검증이라고도 한다. 독립변수가 하나일 때 분산의 원인이 집단 차에 의한 것인지 통계적으로 분석하는 방법이다. 분석의 기본 원리는 집단 내 차이 혹은 집단 내 편차를 통해 분산의 원인이 어디에 있는가를 파악하는 방법이다. F 통계값을 통해 나타나며 집단내 편차제곱평균 분의 집단간 편차제곱의 수식으로 나타내어진다. F 통계값이 크면 집단 간 차이가 있음을 나타낸다.

분석을 위해서는 연속변수인 종속변수와 세 개 이상의 범주를 가지고 있는 하나의 독립변수가 있어야 한다. 독립변인은 그룹이 최소 2개 이상은 되어야 한다. 예로 독립변인이 나이라고 하면 20대, 30대, 40대 이상으로 3개 이상 그룹으로 구분할 수 있다. 이 때 이들 세 집단 간의 차이를 검증할 수 있다.

일원분산분석은 집단별 평균 분석, 일원배치 분산분석, 일반선형 모형의 세 가지 방식으로 분석할 수 있다. 이 중 여기서는 집단별 평균 분석과 일원배치 분산분석을 다뤄보자.

학생들의 교육활동(전통적 수업, 스마트폰 활용 수업, 플립러닝)에 따른 영어성적의 차이가 있는가를 알아보고자 하였다. 학생들의 교육활동은 1) 전통적 강의식 수업에서 교육활동 2) 스마트폰을 활용한 수업의 교육활동 3) 플립러닝을 통한 교육활동으로 이뤄졌다.

1 집단별 평균 분석

(09)일원분산분석.sav 파일을 불러오자. 여기는 가상의 고등학교 학생 50명의 교육활동(전통적 수업, 스마트폰 활용 수업, 플립러닝) 후 얻은 영어성적 점수가 있다. 연구자는 교육활동에 따라 영어 점수에 차이가 있는지 비교하고자 한다.

❶ 집단별 평균분석 메뉴 선택 ([분석(A)]-[평균비교(M)]-[평균분석(M)])

(09)일원분산분석.sav 파일을 불러온 후 [분석(A)]-[평균비교(M)]-[평균분석(M)]을 선택한다.

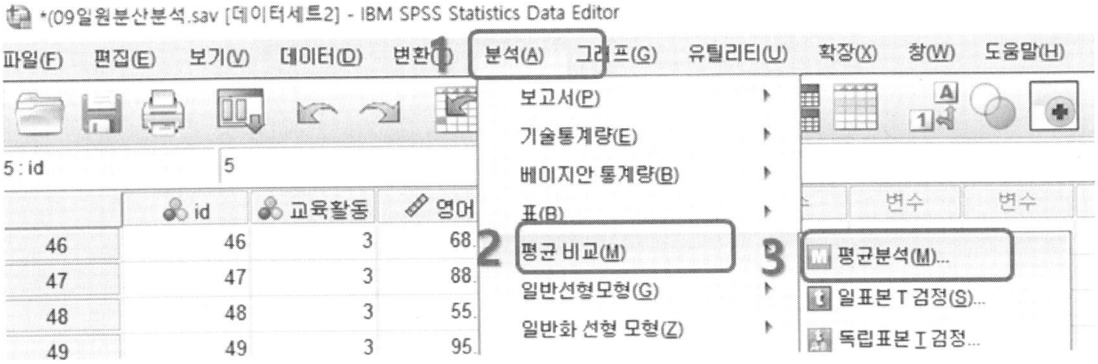

❷ 평균분석 설정

[종속변수(D)]로 “영어” 점수를 옮긴다. [레이어 1/1]에는 “교육활동”을 옮긴다. [옵션(O)]을 선택한 후 보고자하는 [통계량(S)]를 [셀 통계량(C)]로 옮긴다. [첫번째 레이어]에 대한 통계량]의 [분산분석표 및 에타(A)]를 활성화한다. [붓스트랩(B)]은 필요에 따라 설정하고 확인을 누른다. 본 예제에서는 붓스트랩은 활성화 하지 않았다.

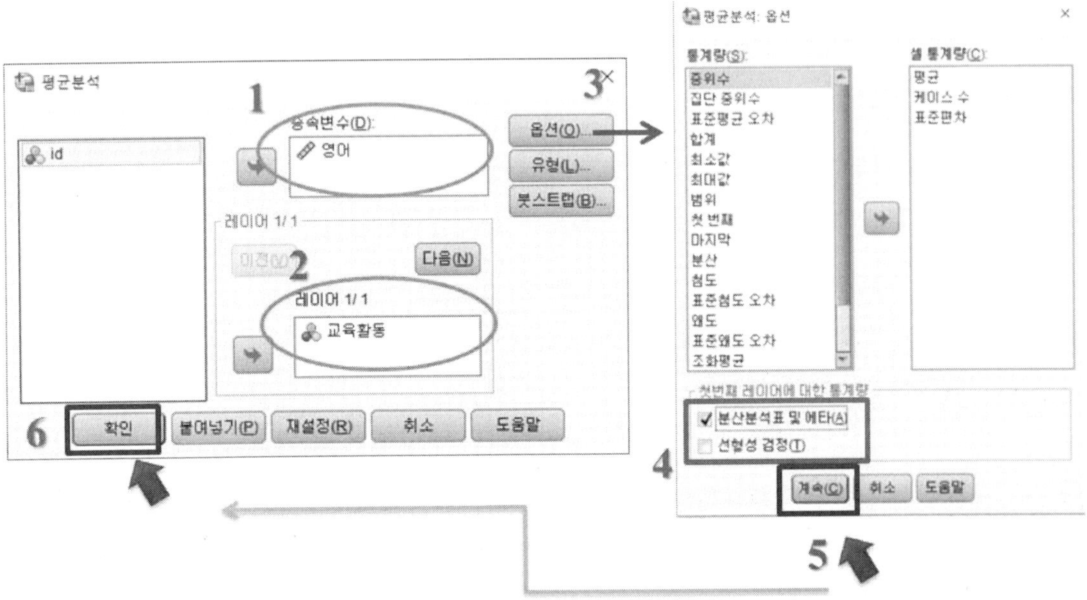

❸ 분석 결과 화면

집단별 평균분석 결과가 나타난다.

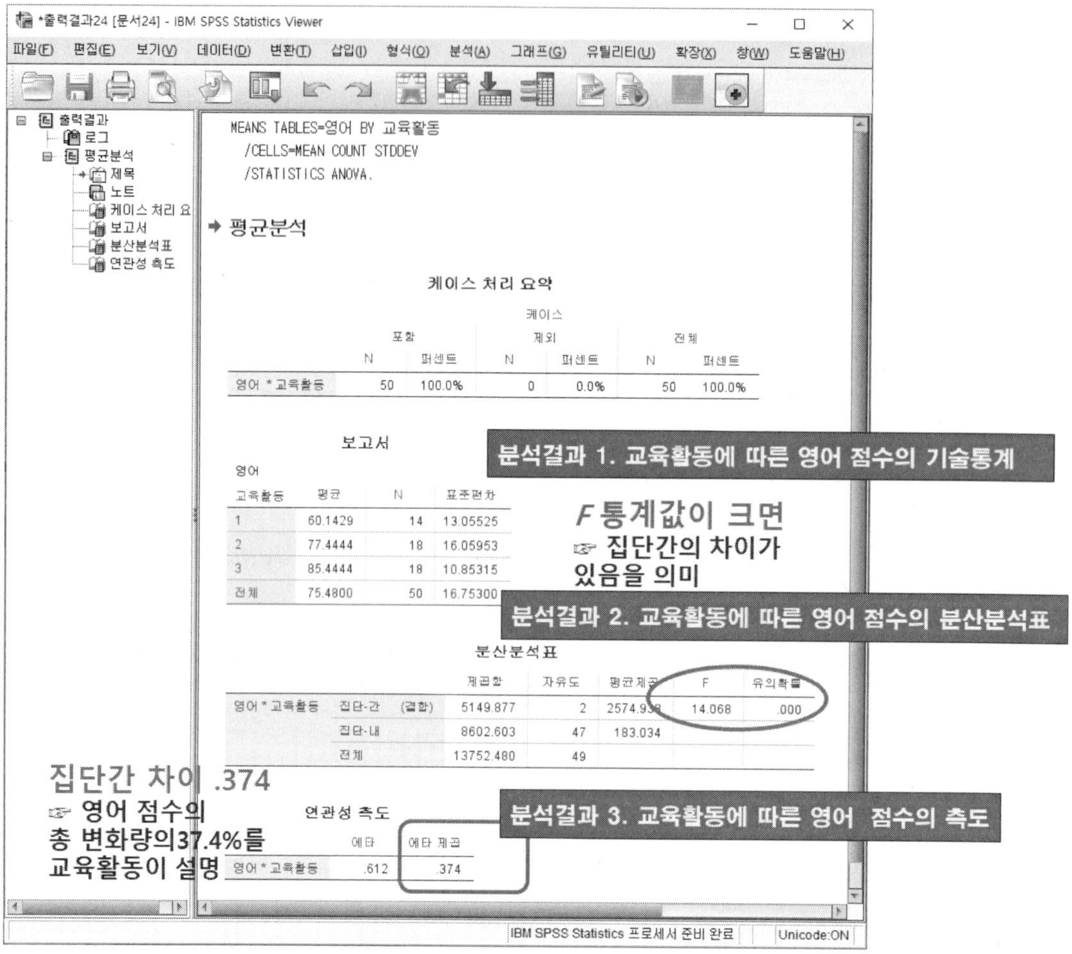

교육활동은 1. 전통적 수업, 2. 스마트폰 활용 수업, 3. 플립러닝을 나타낸다. 분석결과 1은 교육활동에 따른 영어점수의 기술통계를 나타낸다. 평균을 살펴보면, 전통적 수업은 60.14, 스마트폰 활용 수업은 77.44, 플립러닝은 85.44로 나타났다. 분석결과 2는 교육활동에 따른 영어점수의 분산분석표를 나타낸다. F값은 14.068이 나타났으며, 유의확률은 .000으로 집단간 차이가 있는 것으로 나타났다. 분석결과 3은 교육활동에 따른 영어 점수의 연관성 측도를 나타낸다. 에타제곱값을 통해 집단간 차이가 영어점수의 총 변화량의 37.4%를 교육활동이 설명하는 것으로 나타났다.

2 일원배치 분산분석

(09)일원분산분석.sav 파일을 불러오자. 여기는 가상의 고등학교 학생 50명의 교육활동(전통적 수업, 스마트폰 활용 수업, 플립러닝) 후 얻은 영어성적 점수가 있다. 연구자는 교육활동에 따라 영어 점수에 차이가 있는지 비교하고자 한다.

❶ 집단별 평균분석 메뉴 선택 ([분석(A)]-[평균비교(M)]-[일원배치 분산분석(O)])

(09)일원분산분석.sav 파일을 불러온 후 [분석(A)]-[평균비교(M)]-[일원배치 분산분석(O)] 을 선택한다.

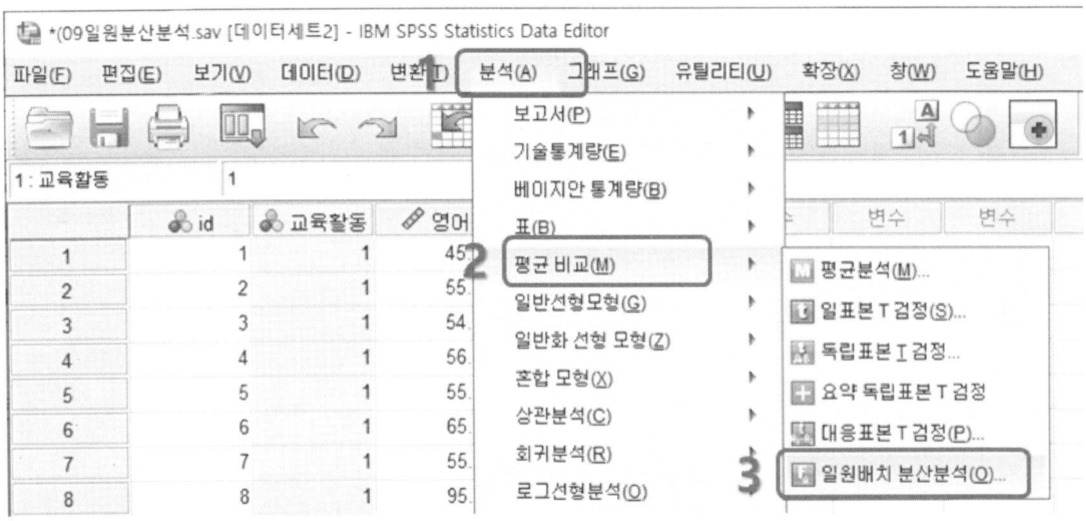

❷ 일원배치 분산분석 설정

[종속변수(E)]로 "영어" 점수를 옮긴다. [요인(F)]에는 "교육활동"을 옮긴다. [옵션(O)]을 선택한 후 기술통계(D), 분산 동질성 검정(H)를 선택한다. 결측값에서는 "분석별 결측값 제외(A)"를 선택하고 [계속(C)]을 클릭한다. [붓스트랩(B)]은 필요에 따라 설정하고 확인을 누른다. 본 예제에서는 붓스트랩은 활성화 하지 않았다.

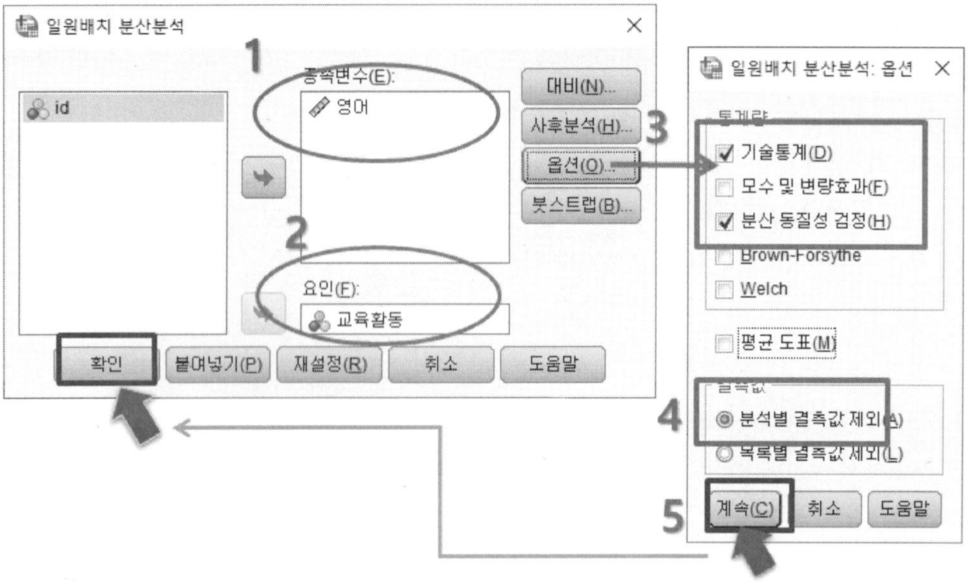

❷-1 일원배치 분산분석 사후분석 설정

분산분석을 통해 차이가 있을 경우 사후분석을 통해 어떤 집단 사이에 차이가 있는지 확인하는 분석 후 분석이다. 교육 연구에서는 Tukey 방식이나 Scheffe 방식이 쓰인다.

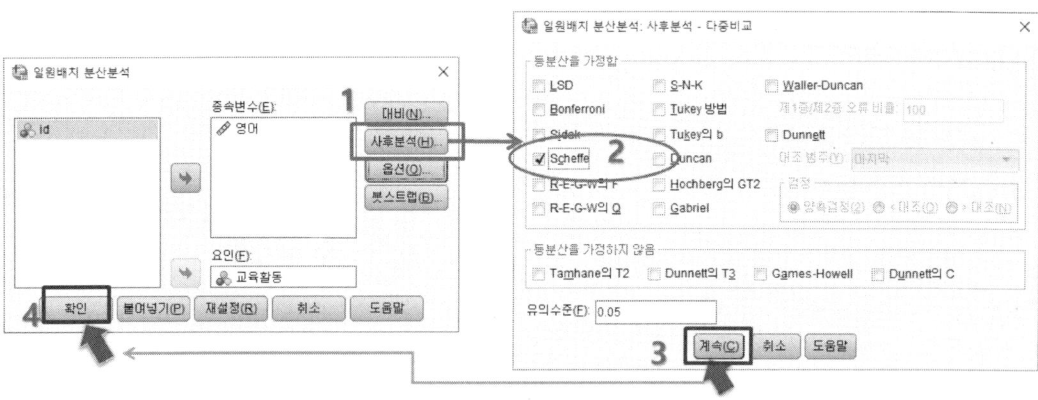

❸ 일원배치 분산분석 결과 화면

일원배치 분산분석 결과가 나타난다.

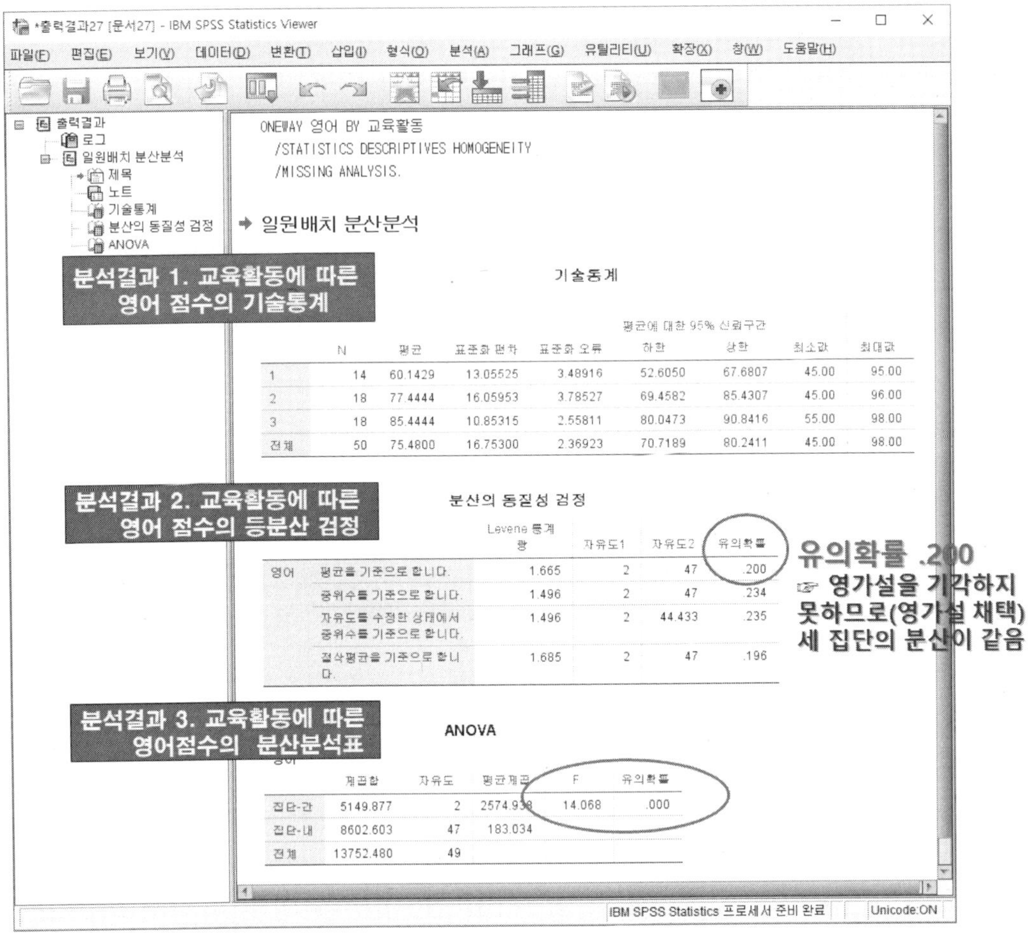

교육활동은 1. 전통적 수업, 2. 스마트폰 활용 수업, 3. 플립러닝을 나타낸다.

분석결과 1은 교육활동에 따른 영어점수의 기술통계를 나타낸다. 평균을 살펴보면, 전통적 수업은 60.14, 스마트폰 활용 수업은 77.44, 플립러닝은 85.44로 나타났다.

분석결과 2는 교육활동에 따른 영어점수의 등분산 검정을 나타낸다. 유의확률이 .200으로 유의하지 않다. 결과로부터 영가설 채택으로 영가설을 기각하지 못하므로 세 집단의 분산은 같다는 것을 알 수 있다.

분석결과 3은 교육활동에 따른 영어점수의 분산분석표를 나타낸다. F값은 14.068이 나타났으며, 유의확률은 .000으로 집단간 차이가 있는 것으로 나타났다.

❸-1 일원배치 분산분석 사후분석(Scheffe) 결과 화면

일원배치 분산분석 사후분석(Scheffe) 결과가 나타난다.

사후검정

1. 전통적 수업
2. 스마트폰 활용 수업
3. 플립 러닝

다중비교

종속변수: 영어

Scheffe

(I) 교육활동	(J) 교육활동	평균차이(I-J)	표준화 오류	유의확률	95% 신뢰구간 하한	95% 신뢰구간 상한
1	2	-17.30159*	4.82104	.003	[illegible].4885	-5.1146
	3	-25.30159*	4.82104	.000	[illegible]885	-13.1146
2	1	17.30159*	4.82104	.003	[illegible].1146	29.4885
	3	-8.00000	4.50967	.218	-19.3998	3.3998
3	1	25.30159*	4.82104	.000	[illegible].1146	37.4885
	2	8.00000	4.50967	.218	-3.3998	19.3998

*. 평균차이는 0.05 수준에서 유의합니다.

동질적 부분집합

영어

Scheffe[a,b]

교육활동	N	유의수준 = 0.05에 대한 부분집합 1	2
1	14	60.1429	
2	18		77.4444
3	18		85.4444
유의확률		1.000	.248

동질적 부분집합에 있는 집단에 대한 평균이 표시됩니다.

a. 조화평균 표본크기 16.435을(를) 사용합니다.

b. 집단 크기가 동일하지 않습니다. 집단 크기의 조화평균이 사용됩니다. I 유형 오차 수준은 보장되지 않습니다.

스마트폰 활용 수업 집단과 플립 러닝 집단은 유의수준 .05에서 동질집단

사후 분석 결과 교육활동 중 "전통적 수업 vs 스마트폰 활용 수업", "전통적 수업 vs 플립러닝"은 유의한 차이가 있는 것으로 나타났다. 반면, "스마트폰 활용 수업 vs 플립러닝"은 유의한 차이가 나타나지 않았다. 동질적 부분집합 결과에서는 스마트폰 활용 수업 집단과 플립러닝 수업 집단을 유의수준 .05에서 동질집단으로 보고하고 있다.

❹ 결과 보고

다양한 보고서의 특성에 맞게 여러 가지 결과들을 보고할 수 있다.

교육활동에 따른 영어성적 분산분석 결과이다. 분산분석 결과를 통해서는 세 가지 유형의 교육활동이 유의한 차이가 있는지 여부를 분산 분석 결과로 알려준다.

〈표 6-2-1〉 교육활동에 따른 영어성적 분산분석 결과 (N=50)

교육활동	M	SD	F	p
전통적 수업	60.14	13.06	14.068	.000
스마트 교육	77.44	16.06		
플립러닝	85.44	10.85		

위의 결과 표를 통해서 분산분석 결과를 다음과 같이 정리할 수 있다.

영어성적 평균은 전통적 수업은 60.14, 스마트폰 활용 수업은 77.44, 플립러닝은 85.44로 나타났다. 교육활동에 따른 영어점수의 분산분석 결과 F값은 14.068로 유의확률 .05 수준에서 집단간 차이가 있는 것으로 나타났다. 통계결과를 바탕으로 연구자는 교육활동에 따른 영어 성적차이, 학생들의 수업 활동 경험, 교수법 등에 대한 전반적인 효과나 문제점 등을 고민해 볼 수 있을 것이다.

아래의 결과 표는 '교육활동에 따른 영어성적의 사후 분석'을 나타낸다. 분산분석을 통해 3가지의 교육활동이 유의한 차이가 있었다. 사후 분석에서는 3가지 교육활동을 각각 분해하여 구체적으로 어떤 활동 사이에 유의한 차이가 있었는지 알려준다. 〈표 6-2-2〉에 따르면, 스마트교육과 전통적 수업은 유의한 차이가 있는 것으로 나타났고, 스마트 교육이 평균 17.302만큼 높은 것으로 나타났다. 또, 플립러닝과 전통적 수업도 통계적으로 유의한 차이가 있는 것으로 나타났고, 플립러닝이 평균 25.302 만큼 높은 것으로 나타났다. 플립러닝과 스마트교육은 통계적으로 유의한 차이가 없는 것으로 나타났다.

〈표 6-2-2〉 교육활동에 따른 영어성적의 사후 분석 (N=50)

교육활동1	교육활동2	평균차	표준오차	유의확률
스마트교육	전통적수업	17.302	4.821	.003
플립러닝	전통적수업	25.302	4.821	.000
플립러닝	스마트교육	8.000	4.510	.218

3 일원분산분석을 활용한 교육 연구

김남석, 허균(2010). 희곡교육에 대한 교사 인식변화와 교사만족도 영향 요인 분석 연구. 중등교육연구, 58(3), 31-59.

〈표 6-3-1〉은 경력 유형에 따른 분산 분석 결과를 나타낸다. 교사들의 경력 정도에 따라 기초, 초급, 중급, 고경력의 4가지 유형으로 구분하였으며 구체적 경력은 각각 5년 미만, 5년이상~10년미만, 10년이상~20년미만, 20년이상에 해당된다. 분석 결과 경력에 따른 차이가 나타난 항목은 교수능력, 대학국어교육, 교과 내 희곡 편수의 충분성, 국어과 희곡 편수의 충분성, 희곡교육 시수만족도가 나타났다. 사후검정 결과 교수능력은 기초 경력자에 비해 중급 경력자와 고경력자가 높은 것으로 나타났다. 대학 국어 교육에 대해서는 기초 경력자보다 고경력자가 높은 것으로 나타났다. 교과 내 희곡 편수에 대해서는 기초 경력자 보다 중급 경력자가 높고, 초급 경력자보다 중급 경력자가 높으며, 고경력자보다 중급 경력자가 높은 것으로 나타났다. 국어과 희곡 비중의 충분성에서는 중급 경력자가 초급 경력자 보다 높은 것으로 나타났다(김남석, 허균, 2010 재인용).

〈표 6-3-1〉 경력 유형에 따른 분산분석 결과 (N=168) (김남석, 허균, 2010 재인용)

주요 문항	분산원	제곱합	자유도	제곱평균	F	사후검정 (Schefe)
Q1. 희곡교육 필요성	집단-간	3.516	3	1.172	1.513	
	집단-내	127.002	164	.774		
Q2. 교수능력	**집단-간**	22.514	3	7.505	10.631**	a〈c a〈d
	집단-내	115.766	164	.706		
Q3. 교수방식 차이 (소설 비교)	집단-간	6.729	3	2.243	2.401	
	집단-내	153.218	164	.934		
Q4. 대학 국어교육	**집단-간**	10.199	3	3.400	5.721**	a〈d
	집단-내	97.462	164	.594		
Q10. 교과 내 희곡 편수 충분성	**집단-간**	10.781	3	3.594	6.323**	a〈c b〈c d〈c
	집단-내	93.213	164	.568		
Q11. 국어과 희곡 비중 충분성	**집단-간**	7.232	3	2.411	3.791*	b〈c
	집단-내	104.286	164	.636		
Q15. 희곡교육 시수만족도	**집단-간**	5.082	3	1.694	2.975*	-
	집단-내	93.394	164	.569		

연구아이디어 1

○ 연구주제 :

○ 관련연구 및 이론 :

○ 연구방법/통계분석방법 :

○ 예상결과 :

연구아이디어 2

○ 연구주제 :

○ 관련연구 및 이론 :

○ 연구방법/통계분석방법 :

○ 예상결과 :

6장 요약

일원분산분석

연속변수인 종속변수와 세 개 이상의 범주가 있는 하나의 독립변수

이때 집단간 차이를 검정할 수 있다.

(3가지 유형의 일원분산분석)

집단별 평균 분석 방법

일원배치 분산 분석 방법

일반선형 모형 분석 방법

총분산합 = 그룹간 분산합 + 그룹 내 분산합 TSS BSS WSS	관측값 (Y_{ij}) = 전체평균 (μ) + 처리 i의 효과 (α_i) + 오차 (ϵ_{ij})
그룹내 평균분산 = $\frac{\text{그룹내 분산합}}{n-k}$ $S_w^2 = WSS/n-k$ $F = \frac{\text{그룹 간 평균 분산}}{\text{그룹내 평균 분산}} = \frac{S_B^2}{S_w^2}$	$\mu_i = \mu + \alpha_i$ 총평균 μ, 각 [illegible] 평균 μ_i $\alpha_i = \mu_i - \mu$ $Y_{ij} = \mu_i + \epsilon_{ij}$ 각 평균의 각 집단 평균 + 측정오차 $Y_{ij} = \mu + \alpha_i + \epsilon_{ij}$ 총 평균 (μ) + 각 [illegible]의 평균 간의 차이에 따른 오차 (α_i) + 각 집단 내에서의 오차 (ϵ_{ij})

일원분산분석을 활용한 교육 연구

김남석, 허균(2010). 희곡교육에 대한 교사 인식변화와 교사만족도 영향 요인 분석 연구. 중등교육연구, 58(3), 31-59.

6장 연습문제

1. 스마트폰 학습집단, 컴퓨터 학습집단, 전통적 학습집단의 점수이다. 세 집단 간 차이가 있는지 일원분산분석을 통해 확인하고 해석하시오(데이터는 30명의 자료를 가상으로 만드시오).

2. 일원분산분석과 t분석의 차이를 설명하시오.

메 모

Chapter 7

이원분산분석

제7장 ●●●

이원분산분석

1 이원분산분석

이원분산분석(two-way ANalysis Of VAriance)은 독립변수가 2개의 영향력이 어떤지 두 집단 이상에서 차이를 추정 비교하는 분석 방식이다. 일원분산분석이 독립변수가 하나일 때 분산의 원인이 집단 차에 의한 것인지 통계적으로 분석하는 방법이라면, 독립변수가 2개인 것이 차이점이다. 만약 독립변수가 증가하게되어 3개이면 삼원분산분석이 되고 더 증가하게 되면 다원분산분석이 될 것이다.

분석의 기본 원리는 집단 내 차이 혹은 집단 내 편차를 통해 분산의 원인이 어디에 있는가를 파악하는 방법이다. F 통계값을 통해 나타나며, '집단 내 편차제곱 평균 분에 집단 간 편차제곱'의 수식으로 나타내어진다. F 통계값이 크면 집단 간 차이가 있음을 나타낸다.

이원분산분석의 기본 가정은 일원분산분석과 마찬가지로 등분산 가정이 충족되어야 하며, 종속변수에 대한 모집단이 정규분포를 이루어야 한다. 그리고 집단 간 모집단 분산이 동일하다고 가정한다.

분석을 위해서는 연속변수인 종속변수와 세 개 이상의 범주를 가지고 있는 두 개의 독립변수가 있어야 한다. 독립변인은 그룹이 최소 2개 이상은 되어야 한다. 예로 하나의 독립변인이 세대라고 하면 20대, 30대, 40대 이상으로 3개 이상 그룹으로 구분할 수 있다. 또 하나의 독립변인이 성별이라고 하면 남, 여의 두 그룹으로 구분할 수 있다. 이들 성별에 따른 세대의 집단 간의 차이에 대해 검증할 수 있다.

학생들의 성별에 따른 교육활동(전통적 수업, 스마트폰 활용 수업, 플립러닝)에 따른 영어성적의 차이가 있는가를 알아보고자 하였다. 학생들의 교육활동은 1) 전통적 강의식 수업에서 교육활동 2) 스마트폰을 활용한 수업의 교육활동 3) 플립러닝을 통한 교육활동으로 이뤄졌다.

(10)이원분산분석.sav 파일을 불러오자. 여기는 가상의 고등학교 학생 50명의 성별(남,여), 교육활동(전통적 수업, 스마트폰 활용 수업, 플립러닝) 및 개인별 영어성적 점수가 있다.

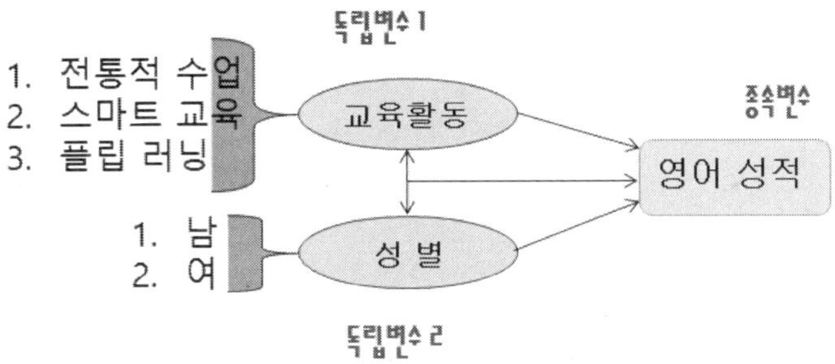

연구자는 교육활동 및 성별에 따라 영어 점수에 차이가 있는지 비교하고자 한다.

이를 구체적으로 다음과 같이 연구 문제를 설정하였다.
첫째, 교육활동에 따라 영어성적의 차이가 있는가?
둘째, 성별에 따라 영어 성적에 차이가 있는가?
셋째, 성별과 교육활동의 상호작용은 있는가?

❶ 일변량 메뉴 선택 ([분석(A)]-[일반선형모형(G)]-[일변량(U)])

(10)이원분산분석.sav 파일을 불러온 후 [분석(A)]-[일반선형모형(G)]-[일변량(U)]을 선택한다.

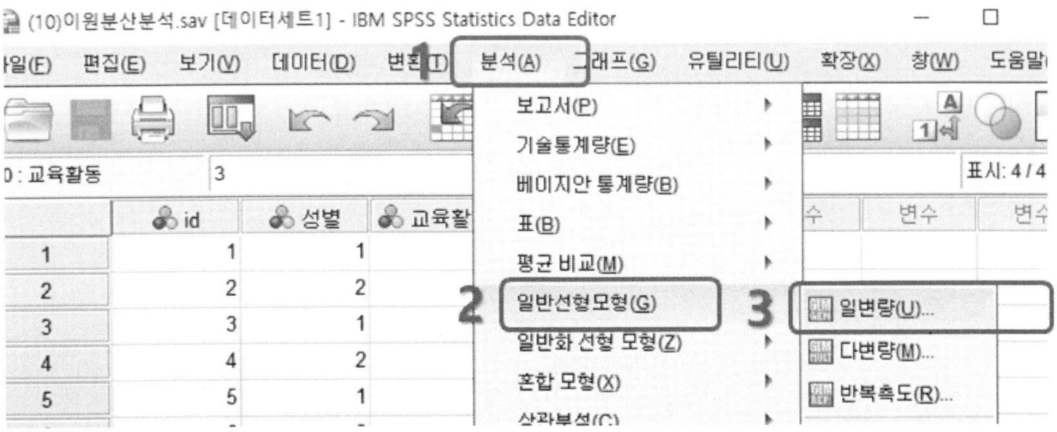

❷ 일변량분석 설정

[종속변수(D)]로 "영어" 점수를 옮긴다. [고정요인(F)]에는 "교육활동"과 "성별"을 옮긴다. [모형(M)]을 선택하면 [일변량: 모형 창]이 나타난다. 여기서 [완전요인모형(A)], 제곱합의 [제III유형]을 선택한다. "모형에 절편 포함"을 체크하고 [계속(C)]을 클릭한다.

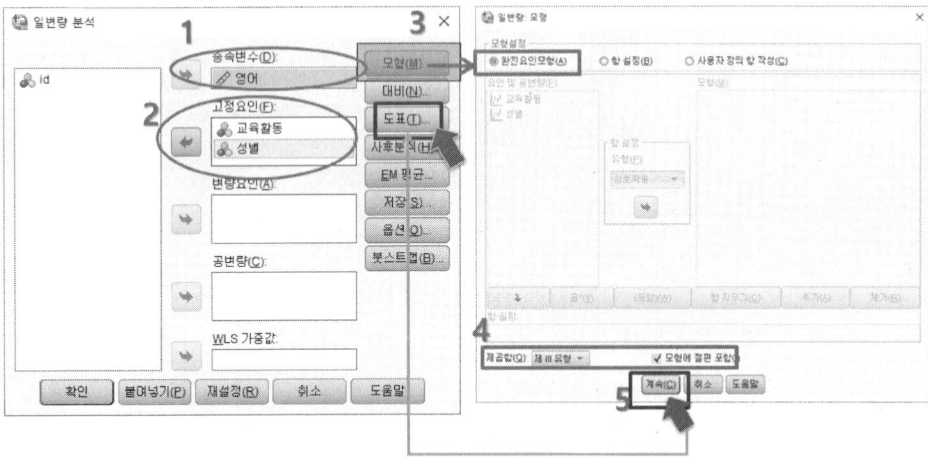

[도표(T)]를 선택한다. [수평축 변수(H)]에는 "교육활동"을 옮긴다. [선구분 변수(S)]에는 "성별"을 옮긴다. 그리고 난 뒤, 4번의 [추가(A)]를 클릭하면 5번과 같이 "교육활동*성별"이 나타난다. 차트 유형에서 선형 차트(L)을 선택한 후 6번과 같이 [계속(C)]을 클릭한다.

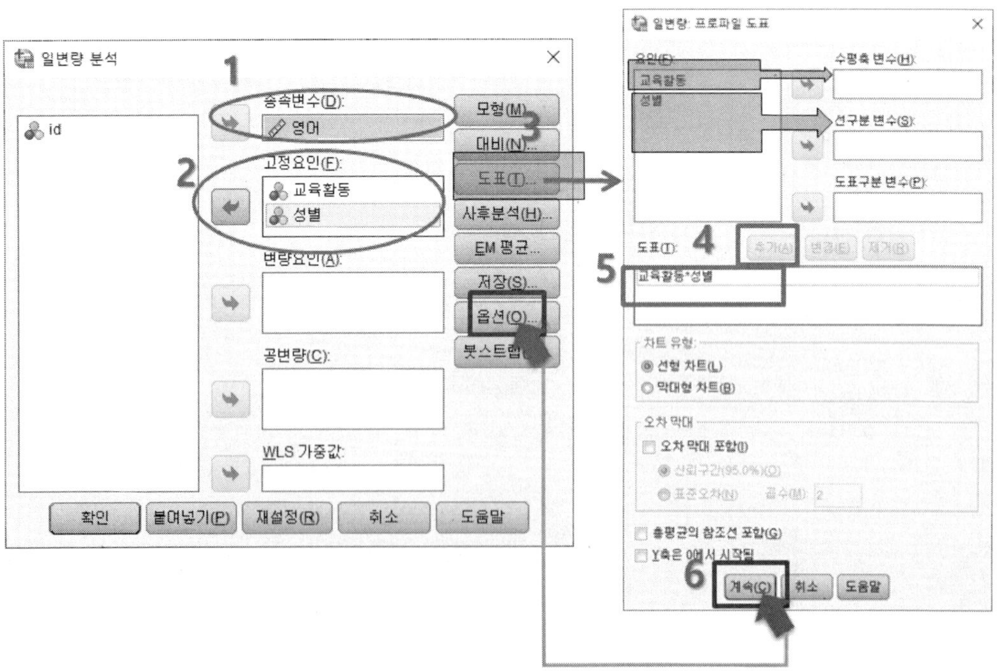

[옵셥(O)]을 선택한다.

[기술통계량(D)], [동일성 검정(H)]를 클릭한다.

[계속(C)]을 누른 후, 일변량 분석창에서 [확인]을 클릭한다.

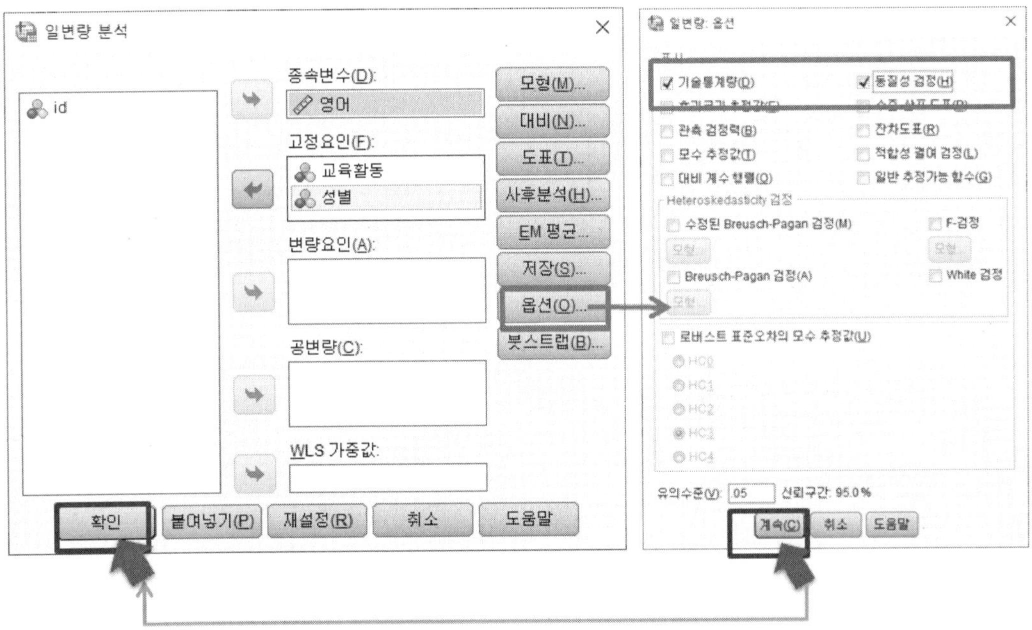

❸ 분석 결과 화면

(10)이원분산분석.sav 파일의 이원분산분석 결과는 다음과 같다.

개체-간 요인

		N
교육활동	1	17
	2	17
	3	16
성별	1	25
	2	25

1. 남
2. 여

1. 전통적 수업
2. 스마트폰 활용 수업
3. 플립 러닝

기술통계량

종속변수: 영어

교육활동	성별	평균	표준편차	N
1	1	63.7778	13.84538	9
	2	69.8750	12.52925	8
	전체	66.6471	13.20483	17
2	1	68.8750	7.33753	8
	2	79.7778	10.81409	9
	전체	74.6471	10.65329	17
3	1	82.6250	8.22778	8
	2	86.0000	10.30950	8
	전체	84.3125	9.17764	16
전체	1	71.4400	12.85522	25
	2	78.6000	12.64582	25
	전체	75.0200	13.12808	50

오차 분산의 동일성에 대한 Levene의 검정[a,b]

		Levene 통계량	자유도1	자유도2	유의확률
영어	평균을 기준으로 합니다.	1.605	5	44	.179
	중위수를 기준으로 합니다.	.708	5	44	.620
	자유도를 수정한 상태에서 중위수를 기준으로 합니다.	.708	5	33.017	.621
	절삭평균을 기준으로 합니다.	1.621	5	44	.174

여러 집단에서 종속변수의 오차 분산이 동일한 영가설을 검정합니다.

a. 종속변수: 영어

b. Design: 절편 + 교육활동 + 성별 + 교육활동 * 성별

개체-간 효과 검정

종속변수: 영어

소스	제 III 유형 제곱합	자유도	평균제곱	F	유의확률	
수정된 모형	3282.244[a]	5	656.449	5.595	.000	
절편	281545.430	1	281545.430	2399.503	.000	
교육활동	2527.039	2	1263.519	10.768	.000	1
성별	574.810	1	574.810	4.899	.032	2
교육활동 * 성별	120.267	2	60.133	.512	.603	3
오차	5162.736	44	117.335			
전체	289845.000	50				
수정된 합계	8444.980	49				

a. R 제곱 = .389 (수정된 R 제곱 = .319)

프로파일 도표

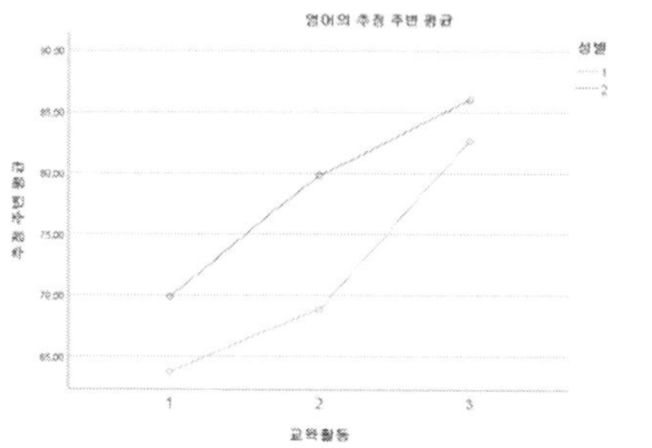

영어 성적에 대한

1 ▶ 교육활동 효과 분석
교육활동(전통적 수업, 스마트폰 활용 수업, 플립러닝)에 따라 영어 성적의 차이가 있음.

2 ▶ 성별 효과 분석
남학생과 여학생이 유의하게 차이가 남.

3 ▶ 교육활동과 성별의 상호작용 효과
유의하지 않은 것으로 나타남.

분석결과 교육활동에 따라 영어성적의 차이가 통계적으로 유의하게 있는 것으로 나타났다. 마찬가지로 성별에 따라 영어성적 차이도 유의하게 나타나는 것으로 나타났다. 하지만 교육활동과 성별의 상호작용 효과는 나타나지 않았다.

(10)이원분산분석1.sav 파일은 가상학교의 다른 반의 데이터이다. 이 파일을 분석한 결과이다. 앞의 결과와 다르게 상호작용 효과가 유의한 것으로 나타났다. 그래프에서처럼 교육활동과 성별은 서로 반대의 효과가 나타나는 것을 확인할 수 있다.

개체-간 요인

		N
교육활동	1	17
	2	17
	3	16
성별	1	25
	2	25

1. 전통적 수업
2. 스마트폰 활용 수업
3. 플립 러닝

1. 남
2. 여

기술통계량

종속변수: 영어

교육활동	성별	평균	표준편차	N
1	1	81.4444	6.00231	9
	2	69.8750	12.52925	8
	전체	76.0000	11.05102	17
2	1	68.8750	7.33753	8
	2	79.7778	10.81409	9
	전체	74.6471	10.65329	17
3	1	82.6250	8.22778	8
	2	71.5000	7.80110	8
	전체	77.0625	9.64343	16
전체	1	77.8000	9.31397	25
	2	73.9600	11.08106	25
	전체	75.8800	10.31472	50

프로파일 도표

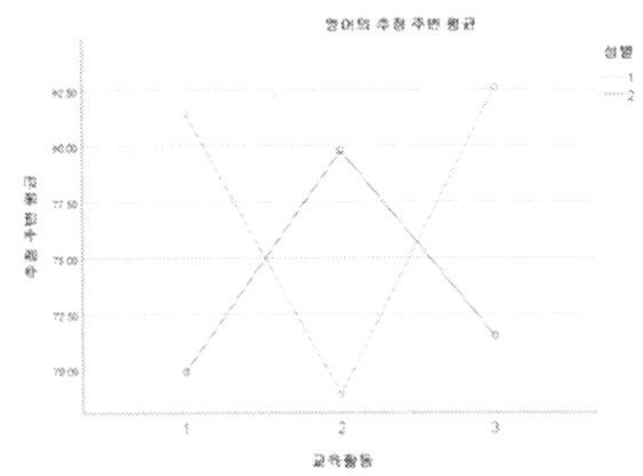

오차 분산의 동일성에 대한 Levene의 검정[a,b]

		Levene 통계량	자유도1	자유도2	유의확률
영어	평균을 기준으로 합니다.	.871	5	44	.508
	중위수를 기준으로 합니다.	.633	5	44	.676
	자유도를 수정한 상태에서 중위수를 기준으로 합니다.	.633	5	35.154	.676
	절삭평균을 기준으로 합니다.	.888	5	44	.497

여러 집단에서 종속변수의 오차 분산이 동일한 영가설을 검정합니다.

a. 종속변수: 영어

b. Design: 절편 + 교육활동 + 성별 + 교육활동 * 성별

개체-간 효과 검정

종속변수: 영어

소스	제 III 유형 제곱합	자유도	평균제곱	F	유의확률
수정된 모형	1613.877[a]	5	322.775	3.946	.005
절편	285513.628	1	285513.628	3490.190	.000
교육활동	61.602	2	30.801	.377	.688 1
성별	192.522	1	192.522	2.353	.132 2
교육활동 * 성별	1385.833	2	692.917	8.470	.001 3
오차	3599.403	44	81.805		
전체	293102.000	50			
수정된 합계	5213.280	49			

a. R 제곱 = .310 (수정된 R 제곱 = .231)

영어 성적에 대한

1 ▶ 교육활동 효과 분석
교육활동(전통적 수업, 스마트폰 활용 수업, 플립러닝)은 유의한 차이가 나타나지 않았다.

2 ▶ 성별 효과 분석
남학생과 여학생은 유의한 차이가 없었다.

3 ▶ 교육활동과 성별의 상호작용 효과가 유의한 것으로 나타났다.

2 사후분석과 확장

이원분산분석에서 사후 분석은 간단한 클릭만으로 가능하다.

❶ 분석 메뉴 선택

(10)이원분산분석.sav 파일을 불러오고 [분석(A)]-[일반선형모형(G)]-[일변량(U)]을 선택한다.

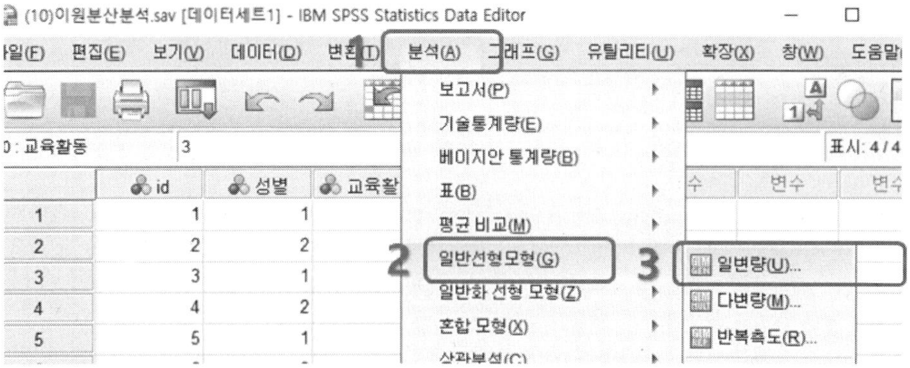

❷ 사후 분석 설정

[사후분석(H)]를 클릭한다. [사후검정변수(P)]로 3가지 유형을 가진 "교육활동" 변수를 옮긴다. Scheffe를 선택하고, 확인을 클릭한다.

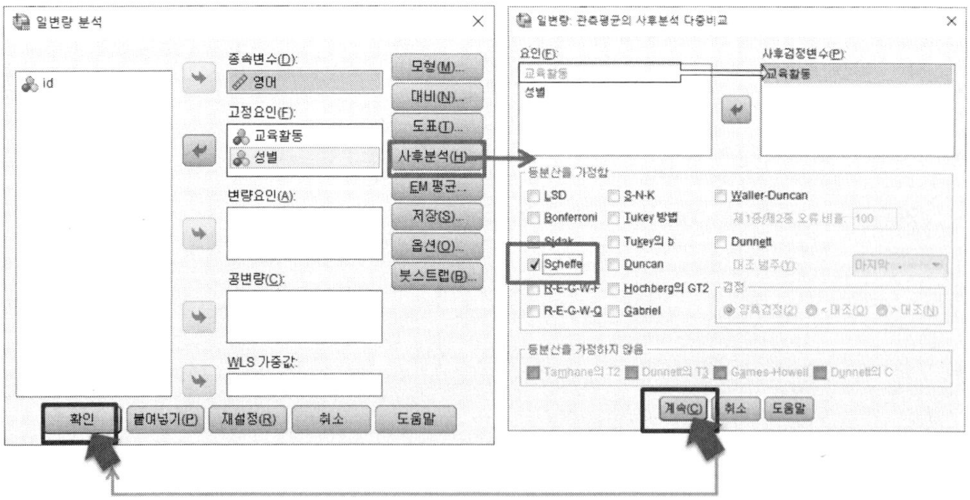

❸ 분석 결과 화면

사후 분석 결과는 다음과 같다.

1. 전통적 수업
2. 스마트폰 활용 수업
3. 플립 러닝

다중비교

종속변수: 영어

Scheffe

(I) 교육활동	(J) 교육활동	평균차이(I-J)	표준오차	유의확률	95% 신뢰구간	
					하한	상한
1	2	-8.0000	3.71539	.110	-17.4129	1.4129
	3	-17.6654*	3.77299	.000	[illegible].2243	-8.1066
2	1	8.0000	3.71539	.110	-1.4129	17.4129
	3	-9.6654*	3.77299	.047	[illegible].2243	-.1066
3	1	17.6654*	3.77299	.000	[illegible]066	27.2243
	2	9.6654*	3.77299	.047	[illegible]066	19.2243

관측평균을 기준으로 합니다.
오차항은 평균제곱(오차) = 117.335입니다.

*. 평균차이는 .05 수준에서 유의합니다.

동질적 부분집합

영어

Scheffe[a,b,c]

교육활동	N	부분집합 1	부분집합 2
1	17	66.6471	
2	17	74.6471	
3	16		84.3125
유의확률		.115	1.000

동질적 부분집합에 있는 집단에 대한 평균이 표시됩니다.
관측평균을 기준으로 합니다.
오차항은 평균제곱(오차) = 117.335입니다.

a. 조화평균 표본크기 16.653을(를) 사용합니다.

b. 집단 크기가 동일하지 않습니다. 집단 크기의 조화평균이 사용됩니다. I 유형 오차 수준은 보장되지 않습니다.

다양한 보고서의 특성에 맞게 여러 가지 결과들을 보고할 수 있다.

교육활동에 따른 영어성적 사후 분산분석 결과이다. 사후분석결과 전통적 수업과 플립러닝은 영어성적에서 유의한 차이가 있는 것으로 나타났다. 그리고 스마트 교육과 플립러닝도 유의한 차이가 있는 것으로 나타났다.

〈표 7-2-1〉 교육활동에 따른 영어성적 사후 분석 결과 (N=50)

교육활동(a:b)	평균차(a-b)	SD	p
전통적 수업 : 스마트 교육	-8.00	3.72	.110
전통적 수업 : 플립러닝	-17.67	3.77	.000
스마트 교육 : 플립러닝	-9.67	3.77	.047

3 이원분산분석을 활용한 교육 연구

성별과 이동통신이용 만족도에 따른 삶의 질 수준 차이를 검증하기 위해 이원분산분석을 활용한 논문 예시이다(신범준, 2006).

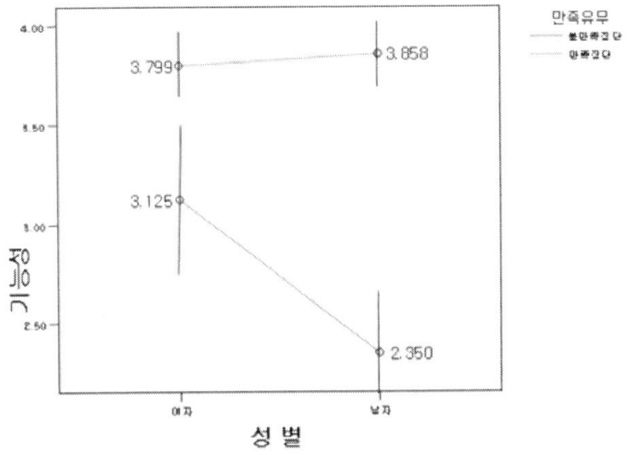

〈그림 7-3-1〉 성별과 이동통신이용 만족도에 따른 연관 효과(신범준, 2006 재인용)

〈표 7-3-1〉 성별과 이동통신이용 만족도에 따른 삶의 질 수준(신범준, 2006 재인용)

	변량원천	편차제곱의 합	자유도	F	유의확률
상호작용성	성별	.025	1	.097	.756
	만족/불만족	0.988	1	3.821	0.052
	성별 * 만족/불만족	0.007	2	0.013	0.987
	오차	39.31	152		
여가 · 문화성	성별	.182	1	.383	.537
	만족/불만족	4.982	1	12.048	0.0007
	성별 * 만족/불만족	1.359	2	1.643	0.1968
	오차	62.854	152		
기능성	성별	.004	1	.010	.920
	만족/불만족	12.080	1	53.214	0.000
	성별 * 만족/불만족	1.763	2	3.884	0.023
	오차	34.506	152		

연구아이디어 1

○ 연구주제 :

○ 관련연구 및 이론 :

○ 연구방법/통계분석방법 :

○ 예상결과 :

연구아이디어 2

○ 연구주제 :

○ 관련연구 및 이론 :

○ 연구방법/통계분석방법 :

○ 예상결과 :

7장 요약

이원분산분석

독립변수 2개의 영향이 어떤지 두 집단 이상에서 차이를 추정 비교하는 분석 방식

연속변수의 종속변수

세 개 이상의 범주를 가진 두 개의 독립변수가 있어야함.

종속변수에 대한 모집단의 정규분포

집단간 모집단 분산이 동일하다고 가정

사후분석

세 집단이 유의한 차이가 있을 때 구체적으로 어떤 집단 사이에 차이가 있는지 추가적으로 밝히는 분석 방식

Scheffe, Tukey 등의 방식이 많이 활용됨.

이원분산분석을 활용한 교육 연구

신범준(2006). 모바일 환경에서 삶의 질 측정모형에 관한 연구. 한국컴퓨터게임학회논문지, 8, 55-73.

7장 연습문제

1. 성별에 따른 스마트폰, 컴퓨터, 전통적 학습 방법의 학업성취도 결과이다.

(1) 성별에 따른 학업성취도가 있는지 검정하시오.

(2) 성별과 수업방식의 상호작용 효과가 있는지 검정하시오.

(3) 성별에서 수업방식에 따라 학업성취도 차이가 있는지 유의수준 .05 수준에서 검정하시오.

(4) 각 수업방식에서 성별에 따라 학업성취도에 차이가 있는지 유의수준 .05 수준에서 검정하시오.

(5) 시각화 해서 나타내시오.

메 모

Chapter 8

신뢰도 및 상관 분석

1. 신뢰도 분석
2. 상관 분석
3. 신뢰도 분석과 상관 분석을 활용한 교육연구

제8장 ● ● ●

신뢰도 및 상관 분석

1 신뢰도 분석

신뢰도란 데이터의 "일관성"의 문제이다. 수집한 자료가 얼마나 적절하고 일관적으로 재고 있는가는 신뢰도(reliability)의 개념이다. 신뢰도를 분석함으로써 설문지의 정확성을 수치로 확인할 수 있을 것이다.

신뢰도는 여러 유형이 있다. 대체로 재검사 신뢰도, 동형검사 신뢰도, 반복검사 신뢰도, 내적 일관성 신뢰도 등으로 구분할 수 있다. 재검사 신뢰도나 동형검사 신뢰도는 두 검사 점수의 상관계수로 신뢰도를 확인한다. 상관분석을 통해 상관계수의 의미를 확인하고 이를 활용하면 될 것이다.

일반적으로 많이 알려진 크론바흐 알파값은 설문 문항이 얼마나 일관성이 있는지 알려주는 내적 일관성 신뢰도를 나타낸다.

❶ 신뢰도 분석 메뉴 선택

(11)신뢰도분석.sav 파일을 불러오고 SPSS 메뉴에서 [분석(A)]-[척화도분석(A)]-[신뢰도 분석(R)...]을 선택한다.

❷ 신뢰도 분석 설정

[항목(I)]로 변수들을 옮긴다. [통계량(S)]을 클릭하고 [신뢰도 분석: 통계량] 창에서 "항목(I)", "척도(S)", "항목제거시 척도(A)"를 선택한다.

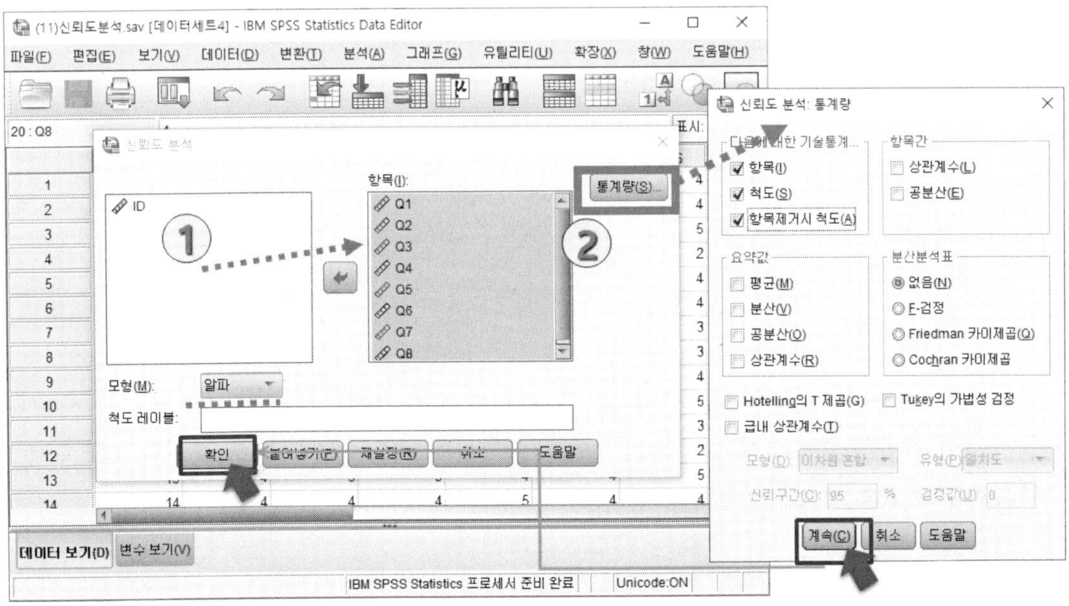

❸ 분석 결과 화면

분석 결과 화면은 다음과 같다.

척도: 모든변수

케이스 처리 요약

		N	%
케이스	유효	20	100.0
	제외됨[a]	0	.0
	전체	20	100.0

a. 목록별 삭제는 프로시저의 모든 변수를 기준으로 합니다.

신뢰도 통계량

Cronbach의 알파	항목 수
.701	8

항목 통계량

	평균	표준화 편차	N
Q1	4.40	.503	20
Q2	4.00	.795	20
Q3	4.05	.686	20
Q4	3.95	1.050	20
Q5	3.45	.999	20
Q6	3.80	1.005	20
Q7	3.50	.889	20
Q8	3.00	.858	20

항목 총계 통계량

	항목이 삭제된 경우 척도 평균	항목이 삭제된 경우 척도 분산	수정된 항목-전체 상관계수	항목이 삭제된 경우 Cronbach 알파
Q1	25.75	14.618	.164	.709
Q2	26.15	12.239	.473	.656
Q3	26.10	11.989	.640	.629
Q4	26.20	10.800	.522	.638
Q5	26.70	10.326	.651	.602
Q6	26.35	9.713	.763	.568
Q7	26.65	12.766	.307	.691
Q8	27.15	16.555	-.256	.796

척도 통계량

평균	분산	표준화 편차	항목 수
30.15	15.503	3.937	8

위와 같은 결과창이 나타난다. 결과 창에서 나타난 분석 값들을 해석한다.

결과값 중 가장 중요한 것은 [신뢰도 통계량] 표에 있는 Cronbach α 값이 될 것이다.

표에서는 'Cronbach의 알파' 항목에 .701이 나타나 있다. 이는 전체 설문 문항에 대한 신뢰도 계수값을 의미한다. 일반적으로 이 값이 1에 가까울수록 설문 문항들은 신뢰성이 있다고 판단한다.

만약 신뢰성의 정도가 낮게 나왔다면, [항목 총계 통계량] 표의 '항목이 삭제된 경우 Cronbach 알파' 값을 통해 신뢰성이 낮은 문항을 제거함으로써 신뢰성을 높일 수 있을 것이다. [항목 총계 통계량]에서는 Q8을 제거할 경우 신뢰성이 .796으로 높아지는 것을 알 수 있다.

2 상관 분석

상관분석(Correlation Analysis)이란 변인들의 관련성을 알아보기 위해 실시하는 통계 방법이다. 두 변수가 어떻게 변해가는지를 분석을 통해 측정할 수 있다. 측정된 값은 상관계수로 나타난다. 상관계수는 변수들과 관계의 정도와 방향을 나타내는데, 한 변수가 증가하면 다른 변수는 증가/감소 하는지 혹은 변화가 없는지 정도를 나타낸다. 많이 쓰이는 피어슨 상관계수(Pearson r)를 들 수 있다. 두 변수 모두 양적일 때는 피어슨 상관계수를 주로 사용하고, 순서가 있는 서열 관계는 스피어만의 상관계수를 사용한다. 이 상관분석을 위해서는 데이터가 등간척도 혹은 비율척도의 형태를 갖추어야 하며 두 개 이상의 변인이 있어야 한다.

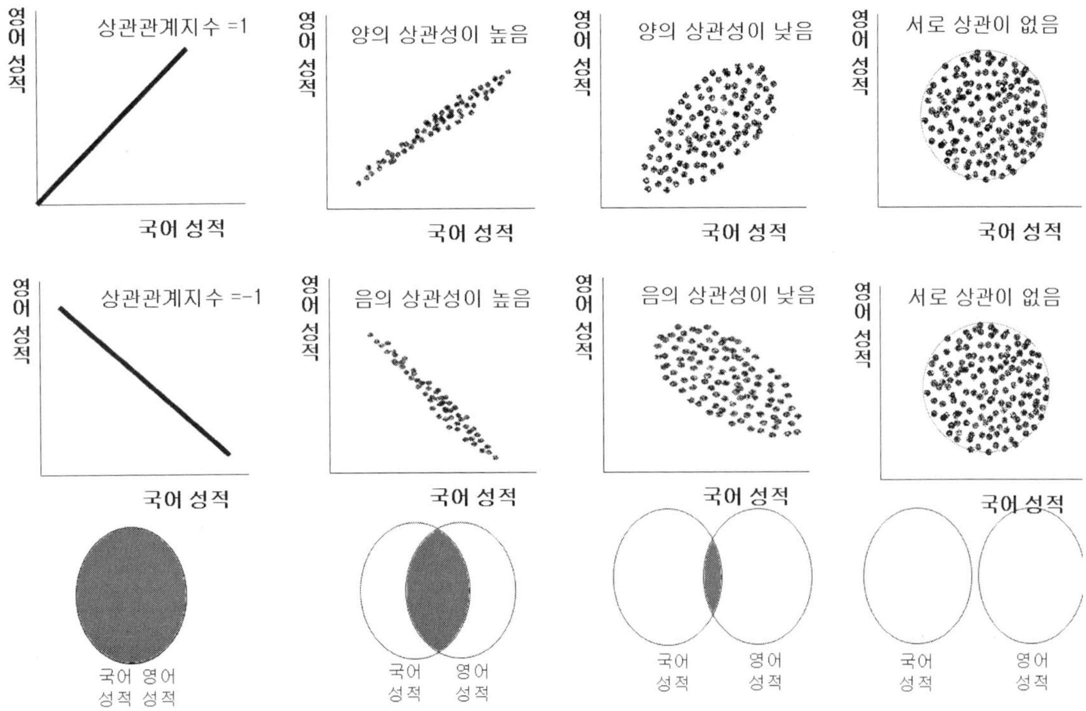

〈그림 9.2.1〉 국어 성적과 영어 성적의 상관관계 유형(허균, 2010)

국어 성적이 높은 학습자는 영어 성적도 높다고 할 수 있을까? 상관분석은 변인 간의 관련성을 분석하지만 이 분석이 원인과 결과를 나타내는 것은 아니다. 단지 두 변인들이 어떠한 관계성을 갖는지 분석하는 데 목적이 있다.

상관 분석의 결과는 '상관관계지수(Correlation Coefficient)'를 통해 나타난다. 상관관계지수는 1에서 −1사이의 값을 갖는다. + 는 정적상관 , − 는 부적상관, 0은 선형적 상관이 없는 것을 의미한다. 일반적으로 상관계수값의 절대값을 기준으로 .00-.20은 상관이 매우낮고, .20-.40은 낮은 상관, .40-.60은 상관이 있음, .60-.80은 높은 상관, .80-1.0은 매우 높은 상관으로 해석한다. 상관관계는 사례수가 많을수록, 이상치 등은 연구 과정에서 제거할수록 보다 안정된 계수를 추정할 수 있다. 상관관계는 인과관계를 의미하지 않음으로 해석의 과정에서 주의해야 한다.

❶ 상관분석 메뉴 선택

(12)상관분석.sav 파일을 불러오고 SPSS 메뉴에서 [분석(A)]-[상관분석(C)]-[이변량 상관(B)]을 선택한다.

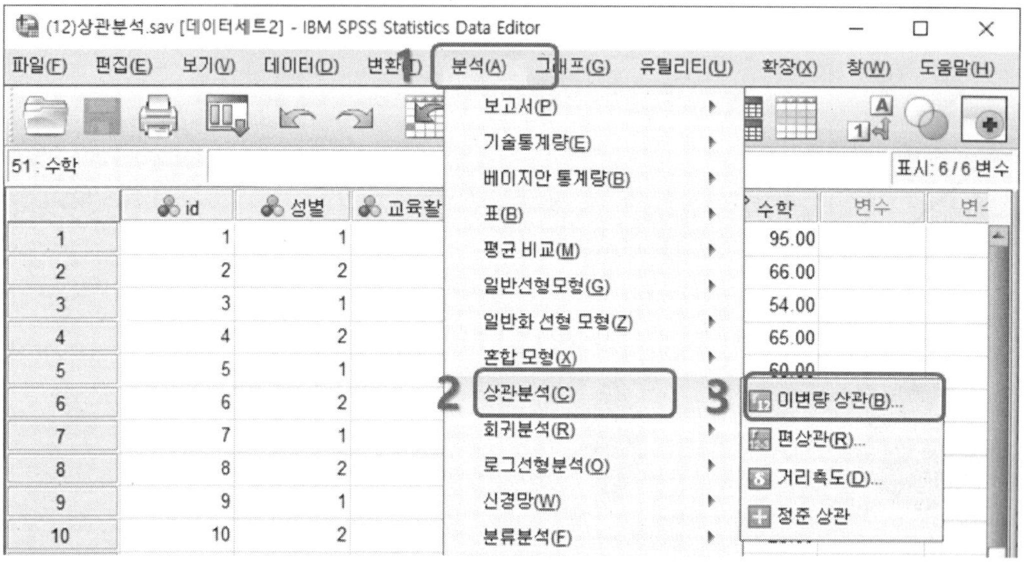

❷ 피어슨 상관계수 분석 설정

영어, 국어, 수학의 상관을 살펴보기위해 해당 변수를 [변수(V)] 부분으로 옮긴다.

상관계수에서 Pearson을 선택한다. 기본적으로 설정된 [유의한 상관계수 플래그(F)] 체크를 확인한다. 옵션에서 [평균과 표준편차(M)]를 선택한다.[계속(C)]을 클릭한 후 이변량 상관계수 창에서 [확인]을 클릭한다.

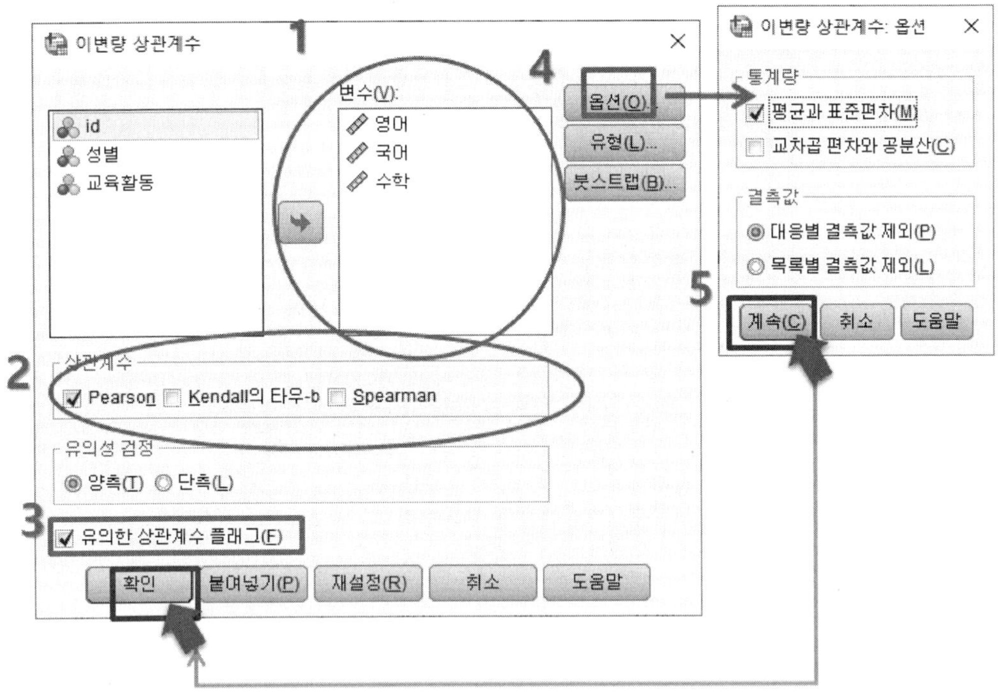

❸ 피어슨 상관관계 분석 결과 확인 및 해석

분석 결과 화면은 다음과 같다.

➡ 상관관계

기술통계량

	평균	표준화 편차	N
영어	75.0200	13.12808	50
국어	78.7400	14.41769	50
수학	63.6400	20.71947	50

상관관계

		영어	국어	수학
영어	Pearson 상관	1	.826**	-.030
	유의확률 (양측)		.000	.836
	N	50	50	50
국어	Pearson 상관	.826**	1	-.026
	유의확률 (양측)	.000		.858
	N	50	50	50
수학	Pearson 상관	-.030	-.026	1
	유의확률 (양측)	.836	.858	
	N	50	50	50

**. 상관관계가 0.01 수준에서 유의합니다(양측).

상관관계 분석 결과에 따르면, 영어와 국어는 .826, 영어와 수학은 -.030, 국어와 수학은 -.026으로 나타났다. 상관계수값의 해석은 연구의 특성에 따라 달라질 수 있다. 일반적으로 상관계수값의 절대값을 기준으로 .00-.20은 상관이 매우낮고, .20-.40은 낮은 상관, .40-.60은 상관이 있음, .60-.80은 높은 상관, .80-1.0은 매우 높은 상관으로 해석한다.

우리 예제의 분석결과 영어와 국어는 .826으로 매우 높은 상관이 유의한 것으로 나타났다. 반면 국어와 수학, 영어와 수학은 상관이 매우 낮은 것으로 나타났고 해석할 수 있다.

❹ 스피어만 상관계수 분석 설정

(12)상관분석.sav 파일을 불러오고 SPSS 메뉴에서 [분석(A)]-[상관분석(C)]-[이변량 상관(B)]을 선택한다(❶ 상관분석 메뉴 선택).

영어, 국어, 수학의 상관을 살펴보기위해 해당 변수를 [변수(V)] 부분으로 옮긴다.

상관계수에서 Spearman을 선택한다. 기본적으로 설정된 [유의한 상관계수 플래그(F)] 체크를 확인한다. 옵션에서 [평균과 표준편차(M)]를 선택한다.[계속(C)]을 클릭한 후 이변량 상관계수 창에서 [확인]을 클릭한다.

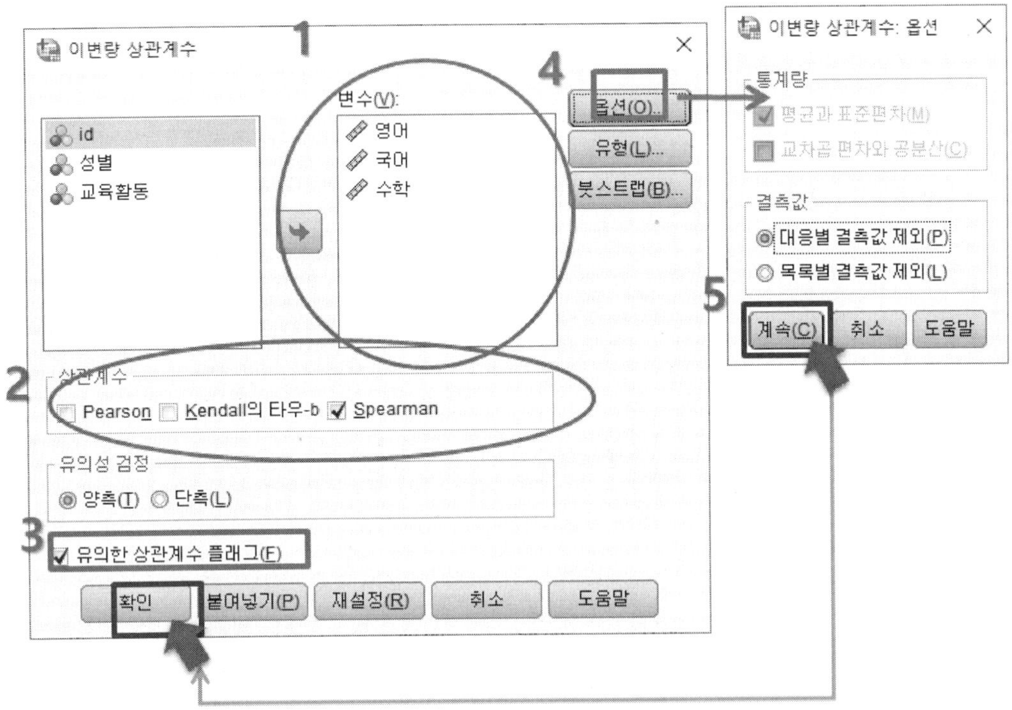

분석 자료가 모두 서열척도이거나 비모수적일 경우 Spearman 상관계수나 Kendall의 타우를를 사용한다. 비모수적이란 것은 변수의 분포가 등분산을 따르지 않는 것을 의미한다. 서열척도라는 것은 데이터가 순위를 가지고 있을 때를 말하며 척도의 등간, 비율 등이 확보되지 않을 때도 활용할 수 있다.

❺ 스피어만 상관관계 분석 결과 확인 및 해석

분석 결과 화면은 다음과 같다.

➜ 비모수 상관

상관관계

			영어	국어	수학
Spearman의 rho	영어	상관계수	1.000	.839**	-.022
		유의확률 (양측)	.	.000	.879
		N	50	50	50
	국어	상관계수	.839	1.000	-.025
		유의확률 (양측)	.000	.	.864
		N	50	50	50
	수학	상관계수	-.022	-.025	1.000
		유의확률 (양측)	.879	.864	.
		N	50	50	50

**. 상관관계가 0.01 수준에서 유의합니다(양측).

상관관계 분석 결과에 따르면, 영어와 국어는 .839, 영어와 수학은 -.022, 국어와 수학은 -.025로 나타났다. 상관계수값의 해석은 연구의 특성에 따라 달라질 수 있다. 일반적으로 상관계수값의 절대값을 기준으로 .00-.20은 상관이 매우낮고, .20-.40은 낮은 상관, .40-.60은 상관이 있음, .60-.80은 높은 상관, .80-1.0은 매우 높은 상관으로 해석한다.

우리 예제의 분석결과 영어와 국어는 .839으로 매우 높은 상관이 유의한 것으로 나타났다. 반면 국어와 수학, 영어와 수학은 상관이 매우 낮은 것으로 나타났고 해석할 수 있다.

3 신뢰도 분석과 상관 분석을 활용한 교육연구

이진령, 유정선, 허균(2014). 성별, 자아존중감 및 자기통제력이 대학생의 스마트폰 중독 경향에 미치는 영향. Journal of The Korean Data Analysis Socety, 16(3), 1557-1566.

자아존중감, 자기통제력, 스마트폰 중독의 상관관계는 아래 〈표 8.3.1〉과 같다. 분석 결과 자아존중감과 자기통제력은 정적인 상관관계(r=.429, p〈.001)를 나타났다. 자아존중감과 스마트폰 중독의 관계는 부적상관(r=-.275, p〈.001)을 나타냈다. 자기통제력 또한 스마트폰 중독과 부적상관(r=-.332, p〈.001)을 나타냈다(이진령, 유정선, 허균, 2014 재인용).

〈표 8-3-1〉 Results of correlation among Self-Esteem, Self-Control, Smartphone Addiction(이진령, 유정선, 허균, 2014 재인용)

	Smartphone Addiction	Self-Esteem	Self-Control
Smartphone Addiction	1		
Self-Esteem	-.250**	1	
Self-Control	-.308**	.406**	1

** *p*〈.01

연구아이디어 1

○ 연구주제 :

○ 관련연구 및 이론 :

○ 연구방법/통계분석방법 :

○ 예상결과 :

연구아이디어 2

○ 연구주제 :

○ 관련연구 및 이론 :

○ 연구방법/통계분석방법 :

○ 예상결과 :

8장 요약

신뢰도 분석

수집한 자료가 얼마나 적절하고 일관적인가를 분석

재검사신뢰도, 동형검사신뢰도, 반복검사신뢰도, 내적일관성신뢰도

크론바 알파값

상관분석

변인들 간의 관련성을 살펴보기 위한 통계방법

피어슨 상관계수 r

상관관계지수를 통해 + 정적상관 – 부적상관

신뢰도 분석과 상관분석을 활용한 교육 연구

이진령, 유정선, 허균(2014). 성별, 자아존중감 및 자기통제력이 대학생의 스마트폰 중독 경향에 미치는 영향. Journal of The Korean Data Analysis Socety, 16(3), 1557-1566.

8장 연습문제

1. 임의로 30명의 사람들의 3가지 문항에 대한 응답 결과를 입력하고, 이들 응답에 대한 신뢰도 검사를 실시하고 그 결과를 해석하시오.

2. 위의 3가지 문항간의 상관을 구하고 그 결과를 해석하시오.

메 모

Chapter 9

카이제곱 분석

1. 카이제곱 분석

2. 카이제곱 분석 실행

3. 카이스퀘어 분석을 활용한 교육 연구

카이제곱 분석

1 카이제곱 분석

분석 자료가 두 가지 이상의 범주형 자료라면 카이제곱 분석을 활용할 수 있다. 범주형 자료란 구분할 수 있는 범주(Category)를 가진 변수를 말한다. 예를 들면, 성별은 남자와 여자의 두 가지 범주가 있다. 당연한 말이겠지만, 범주형 자료는 반드시 단일 범주에 속할 뿐 동시에 두 범주에 속할 수 없다. 범주형 자료는 주로 빈도와 퍼센트 등을 계산하지만 평균이나 분산은 계산하지 않는다.

카이제곱 분석을 위해서는 종속변수가 범주형 변수이어야 하고, 범주형 자료는 서로 독립적이야 한다. 그리고 획득도수와 기대도수가 5보다 작은 칸이 전체의 20% 이하가 되어야 하는 세 가지 기본 가정이 있다(성태제, 2014).

하나의 범주 분류는 빈도표(frequency table)을 작성한다. 만약 둘 이상의 범주 변수는 교차표(crosstable)를 만들 수 있을 것이다.

예를 들어, 성별에 따라 스마트폰 수업 활용의 선호도를 알아보고는 연구를 한다고 가정하자.

사람들은 설문을 통해 매체 활용 수업이 '좋다', '싫다'의 두 범주에 응답을 하게 하였다.

이를 선호도 조사 테이블을 만들면 아래(관측) 표와 같다. 이는 가상적 데이터 임을 미리 밝힌다.

(관측)	선호	비선호	합계	(기대)	선호	비선호	합계
여	15	30	45	여	30	15	45
남	55	5	60	남	40	20	60
합계	70	35	105	합계	70	35	105

위의 (관측) 표를 보면 여자는 비선호가 많은 반면 남자는 선호가 많은 것을 알 수 있다. 연구자는 남녀에 따라 스마트폰 수업 활용 선호도가 다를 것라고 생각할 것이고 이를 통계적으로 검정해 보고자 할 것이다. 카이제곱 분석을 하는 것은 성별에 따라 스마트폰 수업활용 수업 선호도 차이를 검정할 수 있다. 구체적으로 성별과 스마트폰 수업활용이 서로 관련이 있으며 독립적인 것이 아니라는 것이다. 이를 바탕으로 다음과 같은 통계가설을 세울 수 있다.

H0 : 성별과 스마트폰 수업활용 선호도는 서로 독립이다.

H1 :성별과 스마트폰 수업활용 선호도는 서로 독립이 아니다.

카이제곱검정을 활용해 두 변수가 완전히 독립이라는 가정을 이론적 '기대빈도'와 자료수집을 통한 '관측빈도'와의 차이 비교를 통해 확인할 수 있다. 차이가 없으면 완전 독립이고, 차이가 많이 나면 서로 독립이 아닌 것으로 결론낼 수 있으며, 이때 카이제곱 검정을 통해 통계적 유의성을 판단한다.

관측빈도는 이미 설문조사나 자료 수집을 통해 표의 좌측과 같이 구성되었을 것이다.

그러면, 기대빈도는 어떻게 결정할까 살펴보자. 기대빈도는 성별과 선호도가 서로 독립적이라고 할 때 우선 여자가 스마트폰 수업활용 선호하는 사람은 몇 명일까? 전체인원이 105명, 성별을 불문하고 선호하는 사람은 70명이다. 이때 여자는 전체 합계가 45명이다. 여자 중 선호도가 높은 사람은 비례식을 통해 계산할 수 있다.

105: 70 = 45: ?

이를 계산하면 30이다. 결국 이 칸에 대한 기대빈도는 30인 것이다. 마찬가지 방식으로 계산하면 위의 오른쪽 (기대)표를 만들 수 있다.

관측빈도와 기대빈도를 비교해서 차이가 적으면 독립적이라고 할 수 있고, 차이가 크면 독립적이지 않은 것이다. 모든 표의 칸에 대해 편차함수의 합을 계산하여 독립성 유무를 검정하면 피어슨의 카이제곱 검정이 되고 통계적 유의성을 확인할 수 있다.

설문조사를 했다면 코딩은 어떻게 해야할까? 아래 표는 코딩 기준을 설정하고 데이터가 입력되는 과정을 생각해 보아야 한다. 이는 SPSS 데이터로 활용하기위한 선 처리과정으로 아래 표를 참고하기 바란다.

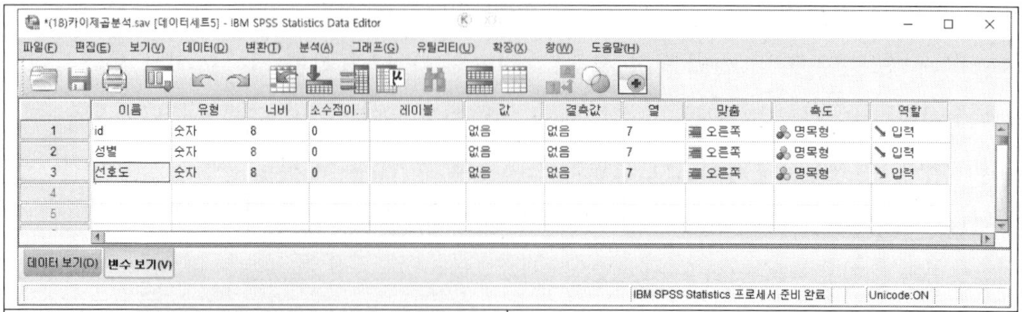

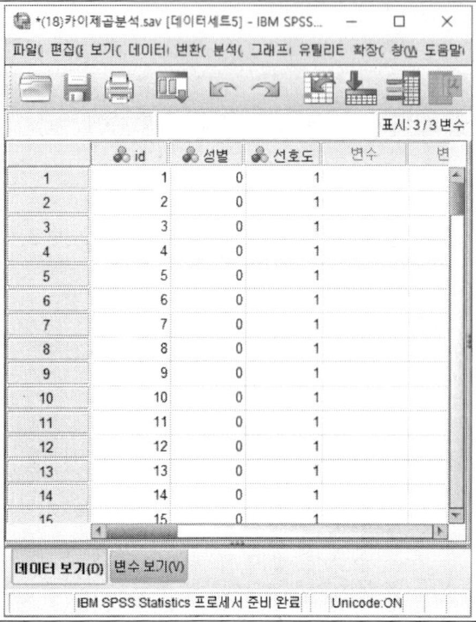

코딩

성별: 남1 여0

선호도: 선호 1 비선호 0

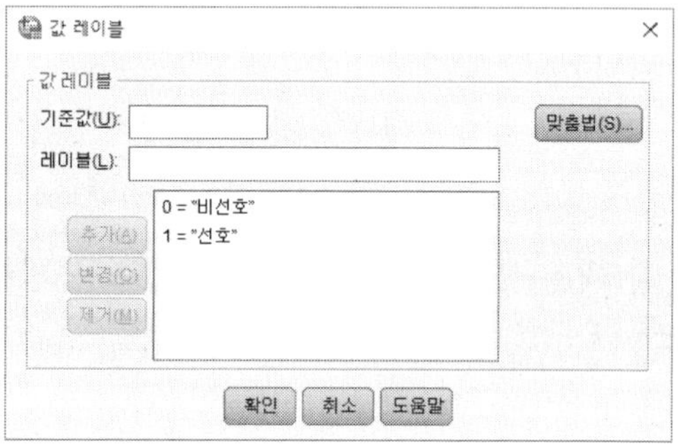

2 카이제곱 분석 실행

데이터의 선처리과정이 마무리가 되었다면 카이제곱분석을 실행한다.

❶ 카이제곱 분석 메뉴 선택

(18)카이제곱분석.sav 파일을 불러오고 SPSS 메뉴에서 [분석(A)]-[기술통계량(E)]-[교차분석(C)]을 선택한다.

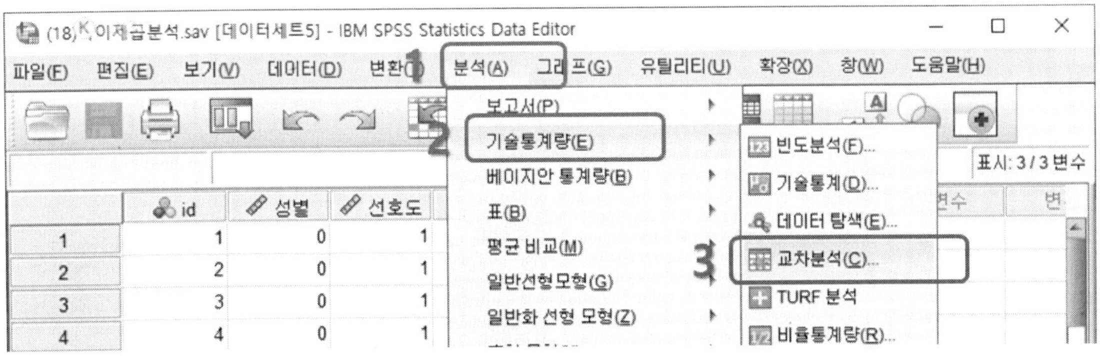

❷ 카이제곱 분석 설정

행(O)과 열(C)에 적절한 변수를 옮긴다. 통계량(S)에서 카이제곱(H)과 파이 및 크레이머의 V(P)를 선택한다. 셀(E)에서는 관측빈도(O), 기대빈도(E), 퍼센트의 열(C)을 선택한다.

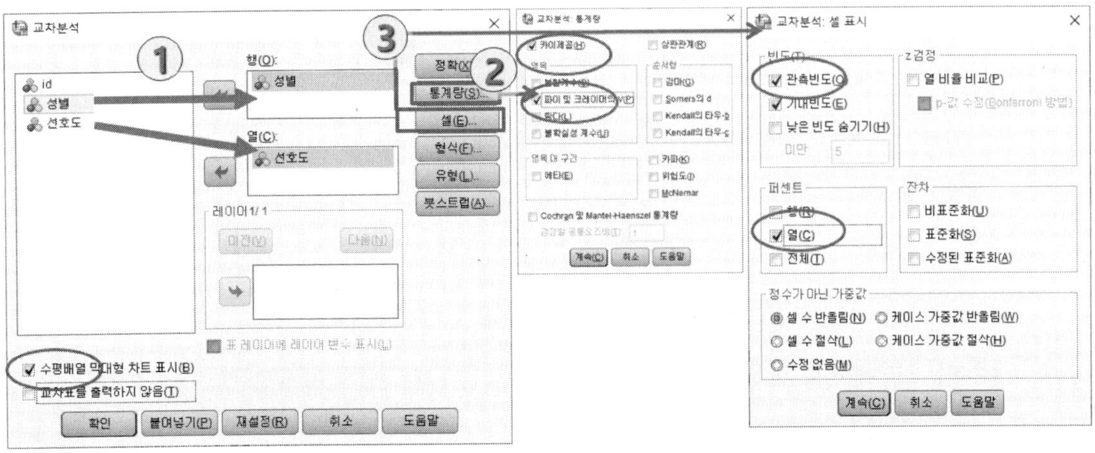

카이제곱(H)는 Chi-square 검정 통계량을 산출하며, 상관관계를 클릭하면 피어슨과 스페어만의 상관계수를 산출할 수 있다. 파이 및 크레이머의 V는 0과 1의 범위를 가지며 .7 이상이면 강한 변수 간 관계가 있다고 해석한다. 그 외에도 카파(Kappa)는 두 범주의 일치 정도를 나타내며, 관찰자 간 일치도를 계산하는데 활용된다.

관측빈도(O)는 연구자가 입력한 사례의 빈도값을 말한다. 기대빈도(E)는 영가설 즉 서로 독립이라고 기대되는 사례수를 말한다. 퍼센트의 열(C) 부분은 열의 합에 대한 백분율을 나타낸다.

❸ 카이제곱 분석 결과 확인 및 해석

분석 결과 화면은 다음과 같다.

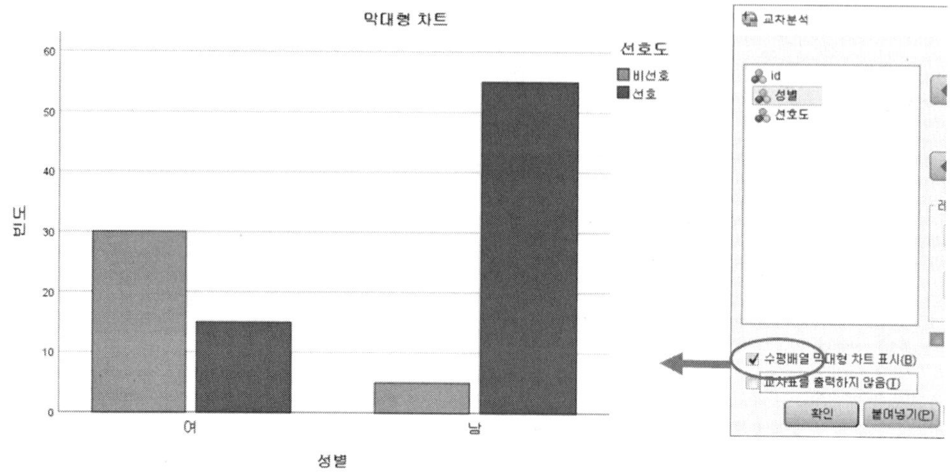

먼저, 교차분석창에서 수평배열 막대형 차트표시(B)를 클릭했다면, 직관적으로 입력된 데이터를 시각적으로 확인해 볼 수 있다.

케이스 처리 요약

	케이스					
	유효		결측		전체	
	N	퍼센트	N	퍼센트	N	퍼센트
성별 * 선호도	105	100.0%	0	0.0%	105	100.0%

케이스처리 요약에서는 전체 유효한 N에 대한 정보를 나타낸다. 여기서는 105명의 성별에 따른 선호도를 살펴보았다.

성별 * 선호도 교차표

			선호도 비선호	선호	전체
성별	여	빈도	30	15	45
		기대빈도	15.0	30.0	45.0
		선호도 중 %	85.7%	21.4%	42.9%
	남	빈도	5	55	60
		기대빈도	20.0	40.0	60.0
		선호도 중 %	14.3%	78.6%	57.1%
전체		빈도	35	70	105
		기대빈도	35.0	70.0	105.0
		선호도 중 %	100.0%	100.0%	100.0%

성별*선호도 교차표에서는 성별과 스마트폰 교육 활용에 대한 선호도를 설문응답에서 응답한 빈도를 나타내고 있다. 기대 빈도는 영가설(서로 독립)이라고 할 때 기대되는 빈도를 나타낸다.

카이제곱 검정

	값	자유도	근사 유의확률 (양측검정)	정확 유의확률 (양측검정)	정확 유의확률 (단측검정)
Pearson 카이제곱	39.375[a]	1	.000		
연속성 수정[b]	36.794	1	.000		
우도비	41.961	1	.000		
Fisher의 정확검정				.000	.000
선형 대 선형결합	39.000	1	.000		
유효 케이스 수	105				

a. 0 셀 (0.0%)은(는) 5보다 작은 기대 빈도를 가지는 셀입니다. 최소 기대빈도는 15.00입니다.

b. 2x2 표에 대해서만 계산됨

성별에 따른 스마트폰 교육 활용에 대한 선호도를 카이제곱 검정한 결과, 카이제곱값은 39.375로 나타났고 이때의 유의확률은 .000으로 나타나 유의수준 .05에서 영가설이 기각되었다. 따라서 성별에 따라 스마트폰 교육 활용 선호도가 다르다고 해석한다.

대칭적 측도

		값	근사 표준오차[a]	근사 T 값[b]	근사 유의확률
명목척도 대 명목척도	파이	.612			.000
	Cramer의 V	.612			.000
구간 대 구간	Pearson의 R	.612	.076	7.861	.000[c]
순서척도 대 순서척도	Spearman 상관	.612	.076	7.861	.000[c]
유효 케이스 수		105			

a. 영가설을 가정하지 않음.

b. 영가설을 가정하는 점근 표준오차 사용

c. 정규 근사값 기초

그 외에도 대칭적 측도 결과로부터, 성별과 스마트폰 교육 활용에 대한 선호도의 상관관계에 대해 Cramer의 V값이 .612로 유의한 상관이 있는 것을 확인할 수 있다.

3 카이스퀘어 분석을 활용한 교육 연구

하문선, 하요상(2017). 알바(Alpha) 성격 청소년의 정서행동문제의 종단적 변화에 대한 잠재집단 유형. 아시아교육연구, 18(1), 95-119.

전체 알파성격 집단은 남학생이 94명(4.2%), 여학생이 123명(5.4%)으로 구성되어 여학생이 남학생보다 많은 비중을 차지하였으며, 카이스퀘어 검증결과 통계적으로 유의한 차이가 있는 것으로 나타났다(하문선, 하요상, 2017 재인용).

〈표 9-3-1〉 알파성격집단의 남녀 카이스퀘어 검증(하문선, 하요상, 2017 재인용)

	알파성격 집단	비알파성격 집단	전체	χ^2	p
남학생	94(4.2%)	1045(46.3%)	1139(50.5%)	4.906**	.027
여학생	123(5.4%)	998(44.1%)	1118(49.5%)		
전체	217(9.6%)	2040(90.4%)	2257(100.0%)		

** p<.05

연구아이디어 1

○ 연구주제 :

○ 관련연구 및 이론 :

○ 연구방법/통계분석방법 :

○ 예상결과 :

연구아이디어 2

○ 연구주제 :

○ 관련연구 및 이론 :

○ 연구방법/통계분석방법 :

○ 예상결과 :

9장 요약

카이제곱 분석

분석 자료가 두 가지 이상의 범주형 자료의 차이 분석

범주형 자료 - 범주를 가진 자료

범주형 자료는 주로 빈도와 퍼센트로 계산

카이제곱 분석을 활용한 교육연구

하문선, 하요상(2017). 알바(Alpha) 성격 청소년의 정서행동문제의 종단적 변화에 대한 잠재집단 유형. 아시아교육연구, 18(1), 95-119.

9장 연 습 문 제

1. 카이제곱 분석과 t 분석의 차이점에 대해 설명하시오.

2. 카이제곱 분석을 위한 예를 작성하여 분석하고 해석하시오.

메 모

Chapter 10

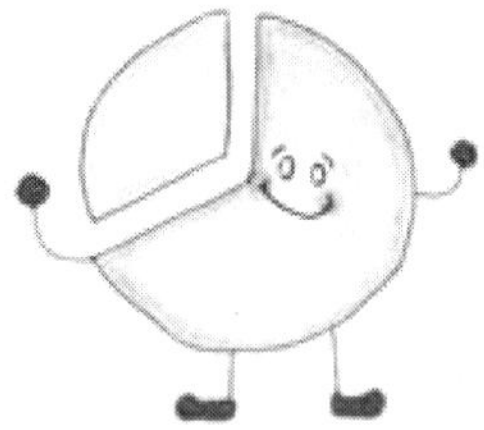

회귀 분석

1. 단순회귀분석
2. 다중회귀분석
3. 회귀 분석을 활용한 교육 연구

제10장

회귀 분석

회귀분석이란 독립변수가 종속변수에게 미치는 영향력을 분석하는 통계방법이다. 상관분석에서 단순하게 두 변수 간의 관계 정도만 살펴보았다면, 회귀 분석을 통해 두 변수의 사이의 인과관계나 영향력 혹은 변화를 예측할 수 있는 분석방식이다.

회귀분석의 기본 가정은 종속변수가 양적변수(등간척도 혹은 비율척도)이어야 하고 정규분포 가정을 충족하여야 한다. 독립변수가 한 개일 경우 단순회귀분석(bivariate regression analysis), 독립변수가 두개 이상일 경우 다중회귀분석(multiple regression analysis)으로 구분할 수 있다.

1 단순회귀분석

단순회귀분석은 독립변수가 한 개인 경우를 말한다. 종속 변수는 당연히 한 개일 것이다. 예를 들어, '학습시간은 수학 성적에 영향을 미치는가?' 와 '영어 성적은 수학 성적에 영향을 미치는가?'와 같은 연구문제의 경우 단순회귀분석을 통해 영향력이나 인과관계를 파악할 수 있다.

수식으로 나타내면,

$$Y = b_0 + b_1 X + e$$

(b_0: X = 0일 때 Y의 절편, b_1: 회귀계수, e: 오차)

로 나타낼 수 있다. 회귀분석에서는 'Y의 실제값'과 독립변수 X를 통해 '예측된 Y'의 차이를 최소화하는 수식을 나타낸다. 수식을 통해 회귀계수(b_1)과 절편(b_0)을 추정한다.

❶ 회귀분석 메뉴 선택

(13)회귀분석.sav 파일을 불러오자.

여기는 가상의 고등학교 학생 50명의 성적과 학습시간 등의 정보가 있다. 연구자는 학습시간이 수학성적에 미치는 영향을 파악해 보고자 한다.

이를 구체적 연구 문제는 다음과 같다. “학습시간은 수학성적에 영향을 미치는가?”

SPSS 메뉴에서 [분석(A)]-[회귀분석(R)]-[선형(L)]을 선택한다.

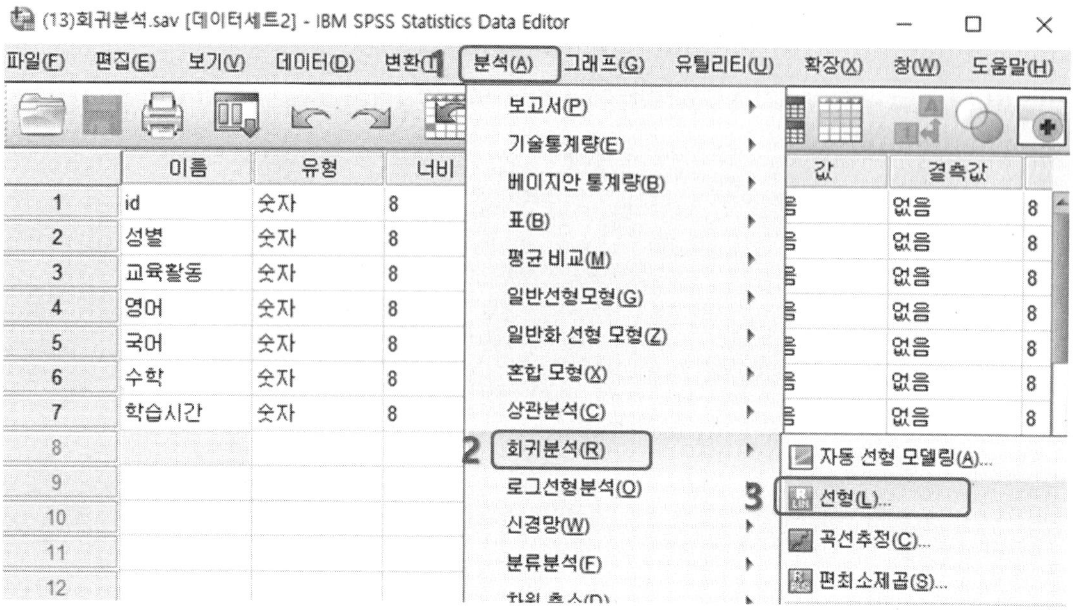

❷-1 회귀분석 설정

선형회귀 창에서 종속변수(D)에 "수학"을 넣고, 독립변수(I)에 "학습시간"을 넣는다. 통계량(S)과 옵션(O) 설정을 설정한다. 통계량에서는 추정값(E)과 모형 적합(M)을 선택하고, 옵션에서는 F-확률 사용(O)를 선택하고 확인을 클릭한다.

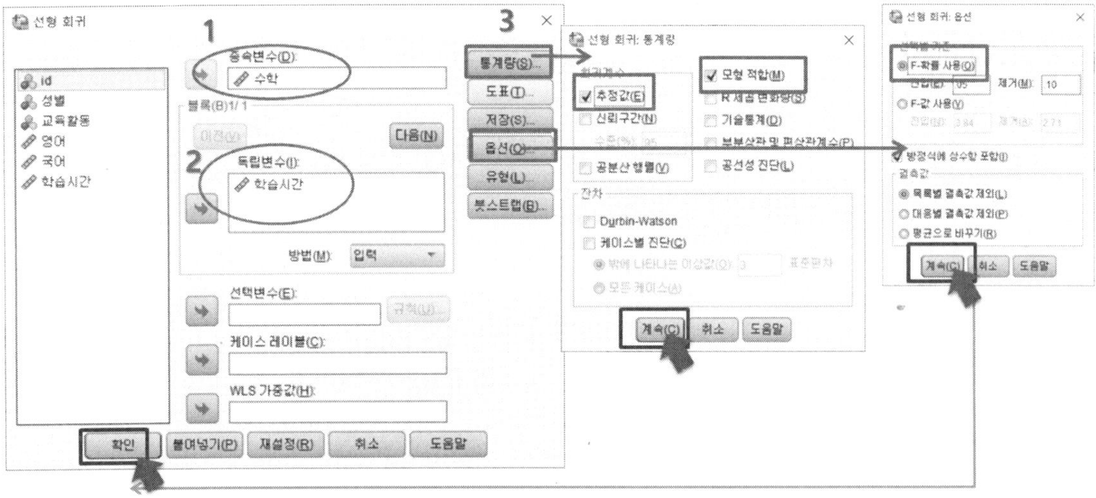

❷-2 회귀분석 그래프 설정

그래프를 그리기 위해서는 도표(T) 클릭 후 선형회귀 창에서 종속변수

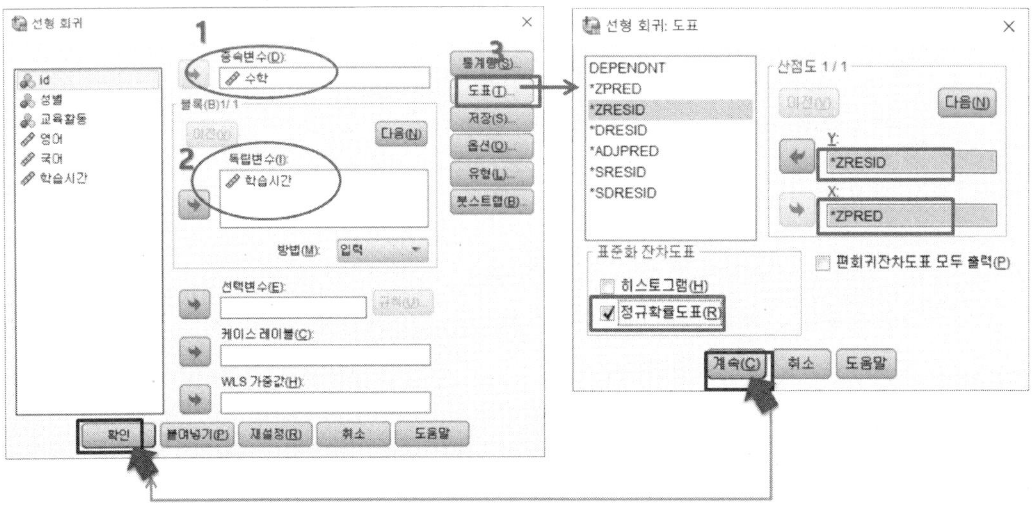

❸ 회귀분석 결과 확인 및 해석

분석 결과 화면은 다음과 같다.

➜ **회귀**

입력/제거된 변수a

모형	입력된 변수	제거된 변수	방법
1	학습시간b	.	입력

a. 종속변수: 수학

b. 요청된 모든 변수가 입력되었습니다.

R은 두 변수의 상관계수
R제곱은 설명량(결정계수)

1 **모형 요약**

모형	R	R 제곱	수정된 R 제곱	추정값의 표준오차
1	.729a	.532	.522	14.32091

a. 예측자: (상수), 학습시간

회귀모형의 통계적 유의성 확인
F값이 54.568이며,
유의확률은 .000으로 통계적으로 유의함.

ANOVAa

2

모형		제곱합	자유도	평균제곱	F	유의확률
1	회귀	11191.275	1	11191.275	54.568	.000b
	잔차	9844.245	48	205.088		
	전체	21035.520	49			

a. 종속변수: 수학

b. 예측자: (상수), 학습시간

학습시간이 수학성적에 유의확률 .000으로
유의한 영향을 미친다.

계수a

3

모형		비표준화 계수 B	비표준화 계수 표준화 오류	표준화 계수 베타	t	유의확률
1	(상수)	24.225	5.707		4.245	.000
	학습시간	1.975	.267	.729	7.387	.000

먼저, 입력/제거된 변수에서는 투입한 독립변인을 나타낸다.

모형 요약에서는 학습시간과 수학 성적과의 상관값(R)과 결정계수(R제곱), 수정된 R제곱 등의 정보를 확인할 수 있다. 결정계수를 통해 학습시간은 수학 성적의 총 변화량의 약 53% 정도를 설명한다고 해석할 수 있다.

다음으로 ANOVA(모형의 분산분석) 표에서는 회귀모형이 통계적으로 유의한지에 관한 정보를 나타낸다. 유의확률이 .000이므로 본 회귀모형은 통계적으로 유의하다고 말할 수 있다.

마지막으로, 계수(회귀계수) 표를 통해 다음과 같은 회귀식을 나타낼 수 있다.

수학 성적 = 24.225+ 1.975 * (학습시간)

학습시간이 한 단위 증가할 때 수학 성적은 1.975 만큼 증가한다고 해석할 수 있다.

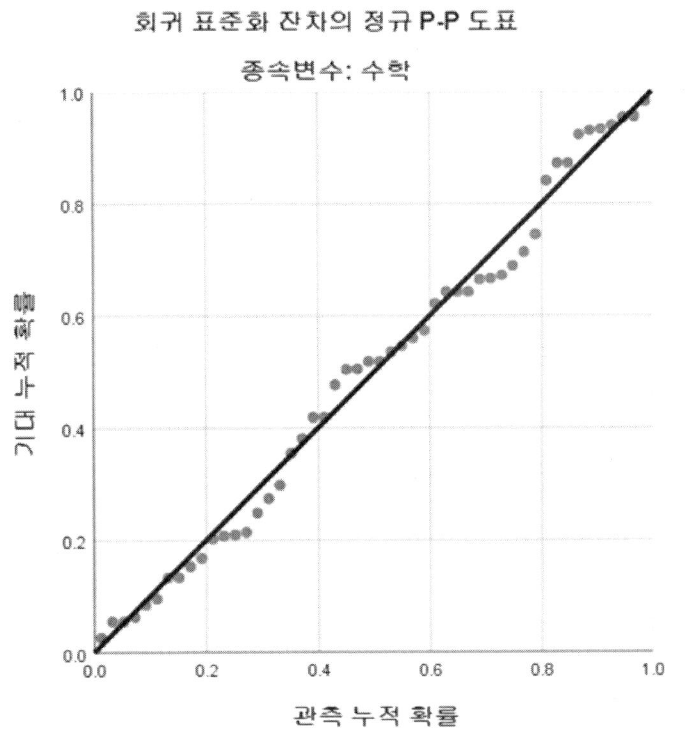

위의 그림은 오차가 정규성을 따르는지 살펴보는 도표이다. 점들이 직선상에 가까이 위치하는 것으로부터 정규분포의 가정을 따르고 있다고 할 수 있다.

2 다중회귀분석

다중회귀분석은 독립변수가 여러 개인 경우 종속 변수를 가장 잘 설명하는 변수가 무엇이고 적절한 모형이 어떤 것이지 찾는 통계적 방법이다. 단순 회귀분석과 달리 여러 가지 독립변수가 추가된다. 예를 들어, '성별, 학습시간, 학습태도가 수학 성적에 미치는 영향은 어떠한가?'와 같은 연구문제의 경우 다중회귀분석을 통해 영향력이나 인과관계를 파악할 수 있다.

수식으로 나타내면,

$$Y = b_0 + b_1X_1 + b_2X_2 + \cdots + b_kX_k + e$$

(b_0: X = 0일 때 Y의 절편, b_1: 회귀계수, e: 오차)

로 나타낼 수 있다.

b_k의 경우 비표준화된 회귀계수이다. 다른 독립변수값을 고정한 후 특정 독립변인 X_k의 값이 1 단위 증가시 Y값의 변화량을 나타낸다. 비표준화 계수는 척도에 따라 그 크기가 달라진다. 예를 들면, 100점 만점 척도와 5점 만점 척도가 동시에 비교된다면 당연히 100점 척도의 비표준화 계수가 훨씬 크게 나타날 것이다. 비표준화 회귀계수는 여러 개의 독립변수의 영향을 직접 비교하기에는 적합하지 않다. 따라서 여러 변수들의 영향을 서로 비교하기 위해서는 표준화한 회귀계수값을 사용한다.

❶ 회귀분석 메뉴 선택

(14)다중회귀분석.sav 파일을 불러오자.

여기는 가상의 고등학교 학생 50명의 성적과 학습시간 등의 정보가 있다. 연구자는 학습시간이 수학성적에 미치는 여러 가지 독립변인들의 영향을 파악해 보고자 한다.

이를 구체적 연구 문제는 다음과 같다. "성별, 학습시간, 학습태도의 수학성적에 미치는 영향은 어떠한가?"

SPSS 메뉴에서 [분석(A)]-[회귀분석(R)]-[선형(L)]을 선택한다.

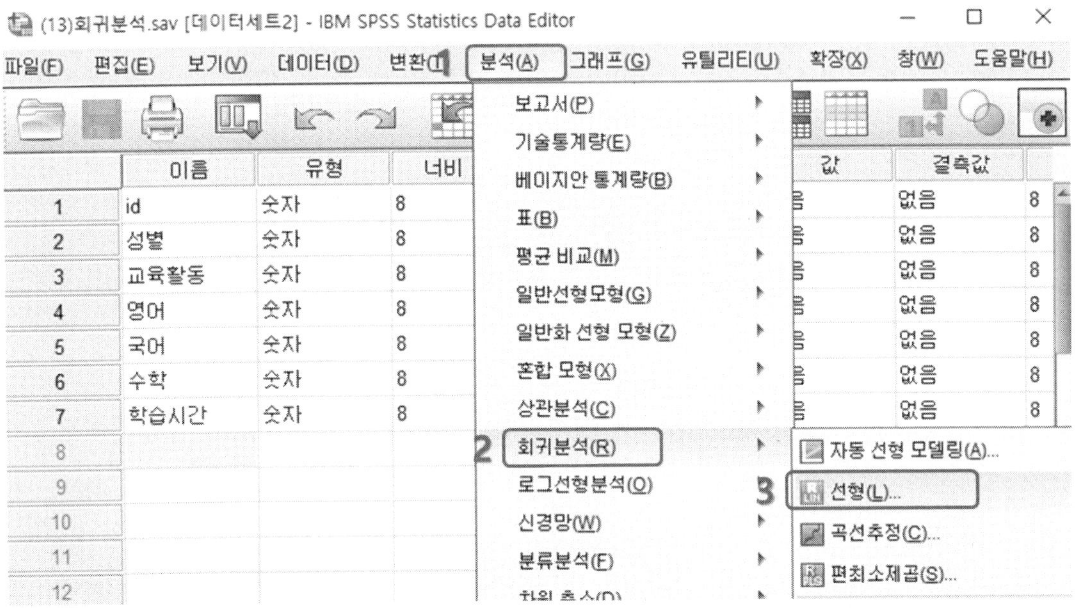

❷-1 다중회귀분석 설정1

선형회귀 창에서 종속변수(D)에 "수학"을 넣고, 독립변수(I)에 "성별"을 넣는다. 다음(N)을 누르고, "성별"과 "학습시간"을 넣는다. 다음(N)을 누르고 "성별", "학습시간", "학습태도"를 넣는다.

❷-2 다중회귀분석 설정2

통계량(S)과 옵션(O) 설정을 설정한다. 통계량에서는 추정값(E)과 모형 적합(M), R 제곱 변화량(S), 기술통계(D), 공선성 진단(L)을 선택하고, 옵션에서는 F-확률 사용(O)를 선택하고 확인을 클릭한다.

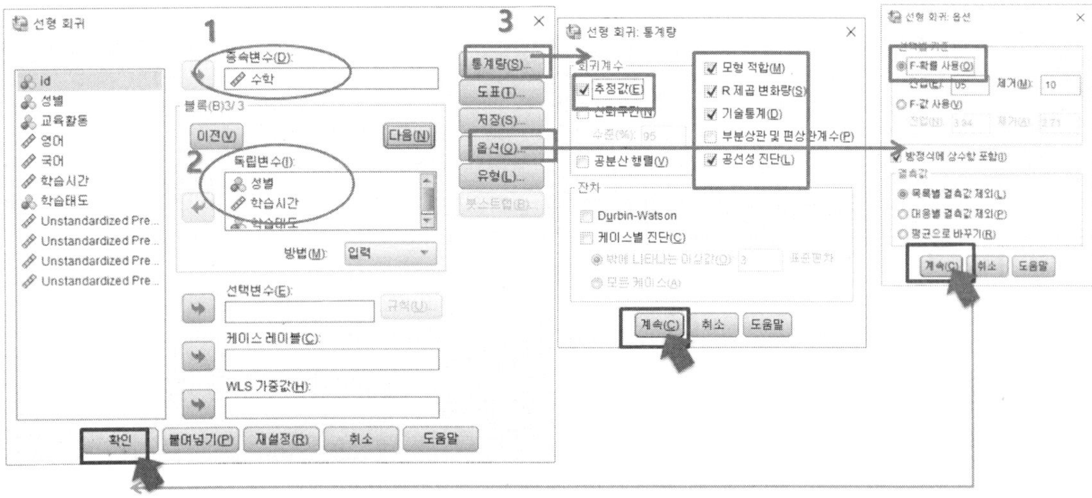

❷-3 회귀분석 그래프 설정

그래프를 그리기 위해서는 도표(T) 클릭 후 선형회귀 창에서 종속변수

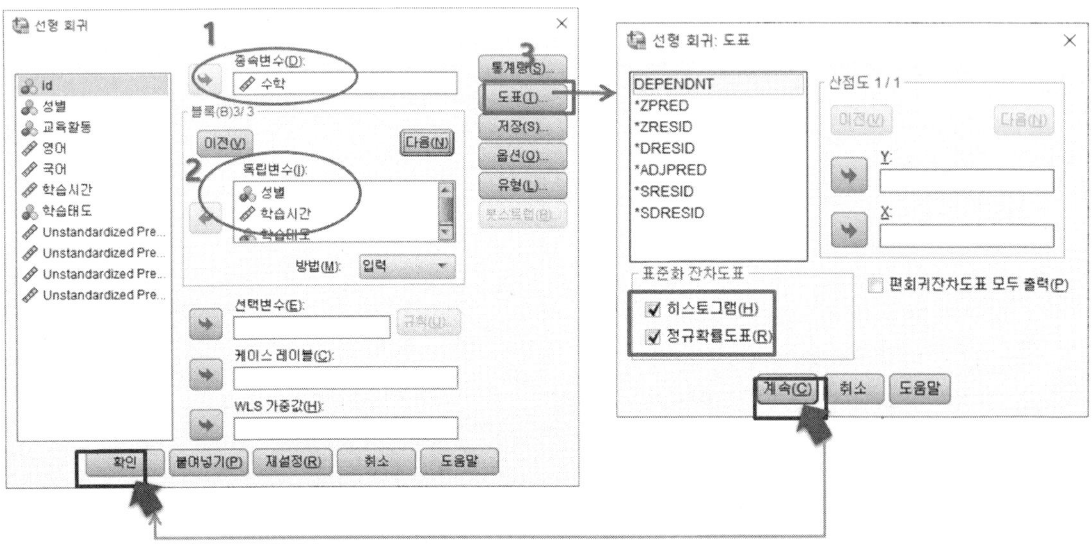

❸ 회귀분석 결과 확인 및 해석

분석 결과 화면은 다음과 같다.

먼저, 입력/제거된 변수에서는 투입한 독립변인을 나타낸다. 다중회귀분석에서는 연구자가 모형별로 추가된 변수들의 모형들이 나타난다. 입력 방법으로는 입력, 단계선택, 제거, 후진, 전진 등의 방식이 있다. 본 예제에서는 입력을 선택하였다.

입력/제거된 변수[a]

모형	입력된 변수	제거된 변수	방법
1	성별[b]		입력
2	학습시간[b]		입력
3	학습태도[b]		입력

a. 종속변수: 수학

b. 요청된 모든 변수가 입력되었습니다.

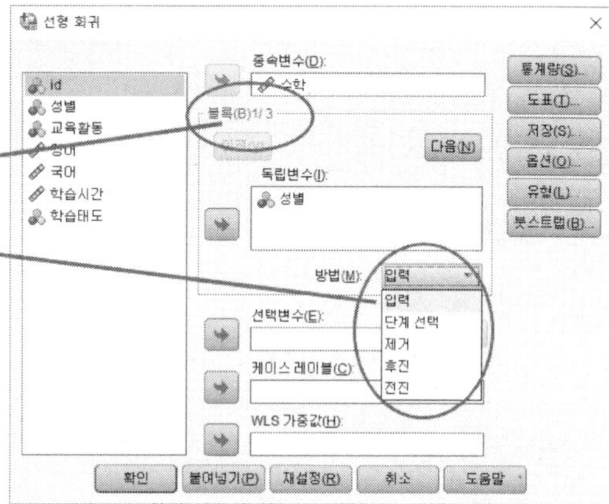

모형 요약에서는 각 변수 입력에 따른 회귀모형의 설명량과 유의확률을 나타낸다. 모형1에서는 성별이 포함되었을 때 결정계수는 .224로 수학성적의 변화량의 22.4%를 설명해 준다. 모형2에서는 성별에 학습시간이 추가되었을 때 수학성적의 변화량의 60.8%를 설명해 준다. 모형3에서는 학습태도가 추가되었을 때 수학성적의 변화량의 73.5%를 설명해 준다. 유의확률은 모두 유의한 것으로 나타났다.

모형 요약[d]

모형	R	R 제곱	수정된 R 제곱	추정값의 표준 오차	통계량 변화량				
					R 제곱 변화량	F 변화량	자유도1	자유도2	유의확률 F 변화량
1	.474[a]	.224	.208	18.43797	.224	13.877	1	48	.001
2	.780[b]	.608	.591	13.24900	.384	45.961	1	47	.000
3	.858[c]	.735	.718	11.00051	.128	22.177	1	46	.000

a. 예측자: (상수), 성별

b. 예측자: (상수), 성별, 학습시간

c. 예측자: (상수), 성별, 학습시간, 학습태도

d. 종속변수: 수학

다음으로 ANOVA(모형의 분산분석) 표에서는 회귀모형이 통계적으로 유의한 지에 관한 정보를 나타낸다. 모형1, 모형2, 모형3 모두 통계적으로 유의한 것으로 나타났다. 특히 모형3에서 성별, 학습시간, 학습태도의 세 변수가 모두 투입되었을 때 모형이다. 이 모형은 F 값은 42.610이며 유의확률은 .000이다. 따라서 유의수준 .01에서 모형3은 통계적으로 유의한 모형이라고 할 수 있다.

ANOVA[a]

모형		제곱합	자유도	평균제곱	F	유의확률
1	회귀	4717.497	1	4717.497	13.877	.001[b]
	잔차	16318.023	48	339.959		
	전체	21035.520	49			
2	회귀	12785.327	2	6392.663	36.418	.000[c]
	잔차	8250.193	47	175.536		
	전체	21035.520	49			
3	회귀	15469.000	3	5156.333	42.610	.000[d]
	잔차	5566.520	46	121.011		
	전체	21035.520	49			

a. 종속변수: 수학

b. 예측자: (상수), 성별

c. 예측자: (상수), 성별, 학습시간

d. 예측자: (상수), 성별, 학습시간, 학습태도

계수(회귀계수) 표를 통해 모형3은 다음과 같은 회귀식을 나타낼 수 있다.

수학 성적 = 3.312+ 4.711 * (성별) + 1.031 * (학습시간) + 5.892 * (학습태도)

계수[a]

모형		비표준화 계수		표준화 계수	t	유의확률	공선성 통계량	
		B	표준화 오류	베타			공차	VIF
1	(상수)	52.682	3.931		13.402	.000		
	성별	19.568	5.253	.474	3.725	.001	1.000	1.000
2	(상수)	22.044	5.329		4.136	.000		
	성별	11.877	3.941	.287	3.013	.004	.917	1.090
	학습시간	1.751	.258	.647	6.779	.000	.917	1.090
3	(상수)	3.312	5.950		.557	.580		
	성별	4.711	3.609	.114	1.305	.198	.754	1.326
	학습시간	1.031	.263	.381	3.913	.000	.608	1.645
	학습태도	5.892	1.251	.505	4.709	.000	.500	1.998

a. 종속변수: 수학

모형3에서는 성별의 t값은 1.305로 유의하지 않았다. 이 값은 성별과 수학성적과 아무런 선형 관계가 없다는 영가설에 대해 유의확률이 p〉.05로 영가설이 채택되어 회귀계수가 유의하지 않다고 말할 수 있다. 모형3에서는 성별이 유의한 영향을 미치지 않았다. 반면 학습시간과 학습태도가 유의한 영향을 높이는 것으로 나타났다.

그 외 공선성진단, 잔차통계량, 그래프 등의 다양한 결과가 나타난다.

공선성 진단[a]

모형	차원	고유값	상태지수	분산비율 (상수)	성별	학습시간	학습태도
1	1	1.748	1.000	.13	.13		
	2	.252	2.636	.87	.87		
2	1	2.637	1.000	.02	.05	.02	
	2	.299	2.971	.07	.94	.05	
	3	.065	6.393	.91	.01	.94	
3	1	3.599	1.000	.00	.02	.01	.00
	2	.311	3.402	.03	.83	.02	.00
	3	.065	7.457	.46	.01	.66	.00
	4	.025	11.912	.51	.14	.31	.99

a. 종속변수: 수학

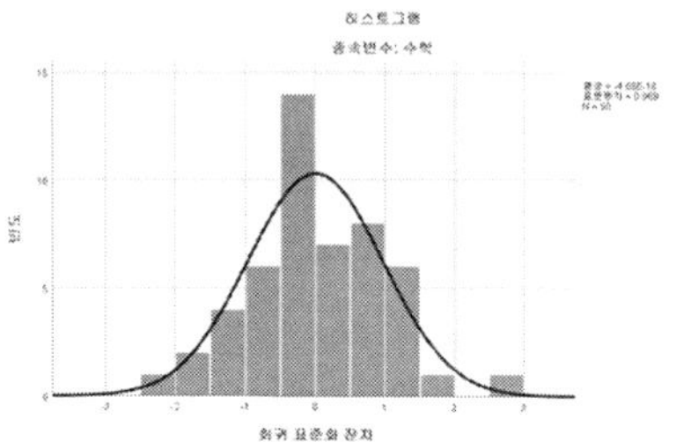

잔차 통계량[a]

	최소값	최대값	평균	표준화 편차	N
예측값	33.3551	97.1212	63.6400	17.76778	50
잔차	-24.81915	28.15024	.00000	10.65844	50
표준화 예측값	-1.704	1.884	.000	1.000	50
표준화 잔차	-2.256	2.559	.000	.969	50

a. 종속변수: 수학

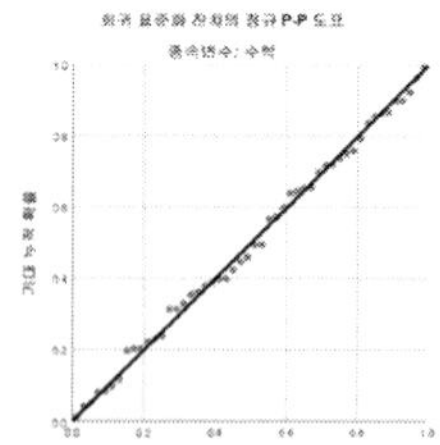

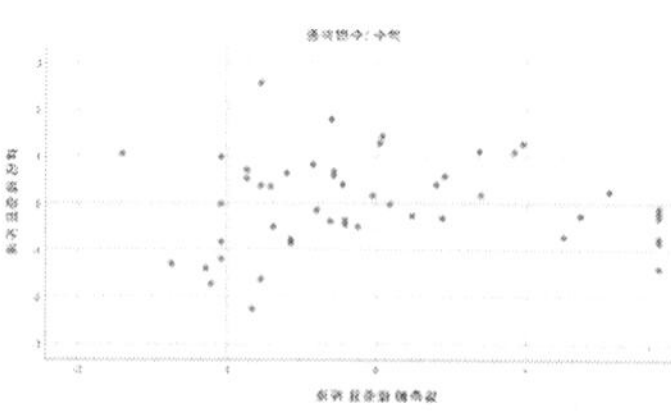

위의 그림은 오차가 정규성을 따르는지 살펴보는 도표이다. 점들이 직선상에 가까이 위치하는 것으로부터 정규분포의 가정을 따르고 있다고 할 수 있다.

3 회귀 분석을 활용한 교육 연구

이진령, 유정선, 허균(2014). 성별, 자아존중감 및 자기통제력이 대학생의 스마트폰 중독 경향에 미치는 영향. Journal of The Korean Data Analysis Socety, 16(3), 1557-1566.

성별, 자아존중감과 자기통제력이 스마트폰 중독에 미치는 영향력과 설명력을 살펴보기 위하여 스마트폰 중독을 종속변수로, 성별(남=1, 여=0), 자아존중감 및 자기통제력을 독립변수로 입력하여 다중회귀분석을 실시하였다. 또, 추가적인 모델을 통해 상호작용의 영향력을 파악하였다. 〈표10-3-1〉은 이러한 결과를 나타내고 있으며, 모델3(model 3)이 최종 모형으로 선정되었다(이진령, 유정선, 허균, 2014 재인용).

〈표 10-3-1〉 다중회귀분석결과(이진령, 유정선, 허균, 2014 재인용)

	dependent variable	independent variable	*B*	*β*	*t*	*p*	R_2	*Adjusted* R_2	*F*	*p*
model 1	Smartphone Addiction	Gender	-2.209	-.157	-3.200	.001	.138	.131	19.285	<.001
		SE	-1.905	-.150	-2.810	.005				
		SC	-4.061	-.232	-4.323	<.001				
model 2	Smartphone Addiction	SE_c	-1.838	-.145	-2.705	.007	.134	.127	17.171	<.001
		SC_c	-4.081	-.233	-4.333	<.001				
		SE_c*SC_c	-4.050	-.144	-2.924	.004				
model 3	Smartphone Addiction	Gender	-2.281	-.162	-3.340	.001	.160	.151	9.755	<.001
		SE_c	-1.852	-.146	-2.763	.006				
		SC_c	-3.788	-.216	-4.060	<.001				
		SE_c*SC_c	-4.205	-.150	-3.077	.002				

SE: Self-Esteem, SC: Self-Contrl, SE_c: Centering mean value of Self-Esteem, SC_c: Centering mean value of Self-Control, SE_c*SC_c: Interaction between SE_c and SC_c

연구아이디어 1

○ 연구주제 :

○ 관련연구 및 이론 :

○ 연구방법/통계분석방법 :

○ 예상결과 :

연구아이디어 2

○ 연구주제 :

○ 관련연구 및 이론 :

○ 연구방법/통계분석방법 :

○ 예상결과 :

10장 요약

회귀분석

회귀분석이란 독립변수가 종속변수에게 미치는 영향력을 분석하는 통계방법

종속변수가 양적변수(등간척도 혹은 비율척도)이어야 하고 정규분포 가정

단순회귀분석

독립변수가 한 개일 경우 단순회귀분석(bivariate regression analysis),

다중회귀분석

독립변수가 두개 이상일 경우 다중회귀분석(multiple regression analysis)

회귀분석을 활용한 교육연구

이진령, 유정선, 허균(2014). 성별, 자아존중감 및 자기통제력이 대학생의 스마트폰 중독 경향에 미치는 영향. Journal of The Korean Data Analysis Socety, 16(3), 1557-1566.

10장 연습문제

1. 공부시간과 과목별 점수에 대한 가상적 데이터를 30개 생성 후 아래 물음에 답하시오.

    (1) 공부시간과 각 과목 점수와의 산점도를 그리시오.

    (2) 공부시간과 각 과목 점수 사이의 회귀선을 넣으시오.

    (3) 공부시간과 각 과목 점수의 예측 가능도를 구하시오.

2. 단순회귀분석과 다중회귀분석의 차이점을 말하시오.

메 모

Chapter 11

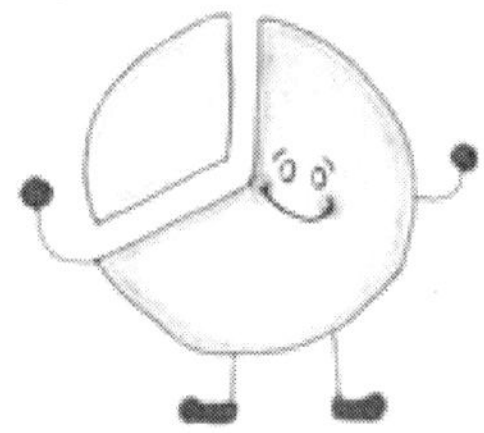

로지스틱 회귀분석

제11장 ●●●

로지스틱 회귀분석

로지스틱 회귀분석은 종속변수가 이분형 변수인 회귀분석을 말한다. 일반적으로 회귀분석이란 독립변수가 종속변수에게 미치는 영향력을 분석하는 통계방법이다. 회귀분석의 기본 가정은 종속변수가 양적변수에 정규분포 가정을 충족하여야 한다. 하지만 만약 종속변수가 이분형 변수이거나 정규분포를 충족하지 못할 때 로지스틱 회귀분석을 사용한다. 로지스틱 회귀분석에서는 종속변수가 이분형 변수이며 이항분포를 가정한다.

1 로지스틱 회귀분석

로지스틱 회귀분석은 종속변수가 합격/불합격, 남/여, 도달/미도달 등과 같은 이분형일 때 인과관계 파악을 위한 통계분석방법이다. 예를 들어, '국어, 영어, 수학 성적 및 학습태도 중 영재반 합격에 영향을 미치는 변인은 무엇인가?' 와 같은 연구문제의 경우 로지스틱 회귀분석을 통해 영향력이나 인과관계를 파악할 수 있다.

수식으로 나타내면,

$$\frac{P}{1-P}=e^{b_0+b_1X_1+b_2X_2+\cdots+b_kX_k}$$

로 나타낼 수 있다.

이때 $\frac{P}{1-P}$ 는 어떤 사건이 발생할 확률을 P라고 했을 때 (1-P)는 어떤 사건이 발생하지 않는 확률이고 이들간의 비율을 승산비(Odd Ratio)라고 한다. 위의 등식은 자연로그로 변환하면 선형적 관계로 나타낼 수 있다.

$$\ln\frac{P}{1-P}=b_0+b_1X_1+b_2X_2+\cdots+b_kX_k$$

이때 $b_1, b_2, \ldots, b_k$는 로지스틱 회귀계수가 된다.

분석을 통해 추정된 로지스틱 회귀계수 bk는 다른 변수들의 수준이 일정할 때 관련 독립변수가 한 단위 증가시 어떤 사건이 발생할 확률이 발생하지 않을 확률보다 exp(bk)만큼 증가하는 의미로 해석한다.

❶ 로지스틱 회귀분석 메뉴 선택

(15)로지스틱회귀분석.sav 파일을 불러오자.

여기는 가상의 고등학교 학생 50명의 성적과 영재반합격 등의 정보가 있다. 연구자는 영재반 합격에 영향을 미치는 교과 성적을 파악해 보고자 한다. 이를 구체적 연구 문제는 다음과 같다. "국어, 영어, 수학 성적 중 영재반 합격에 영향을 미치는 변인은 무엇인가?"

SPSS 메뉴에서 [분석(A)]-[회귀분석(R)]-[이분형 로지스틱(G)]을 선택한다.

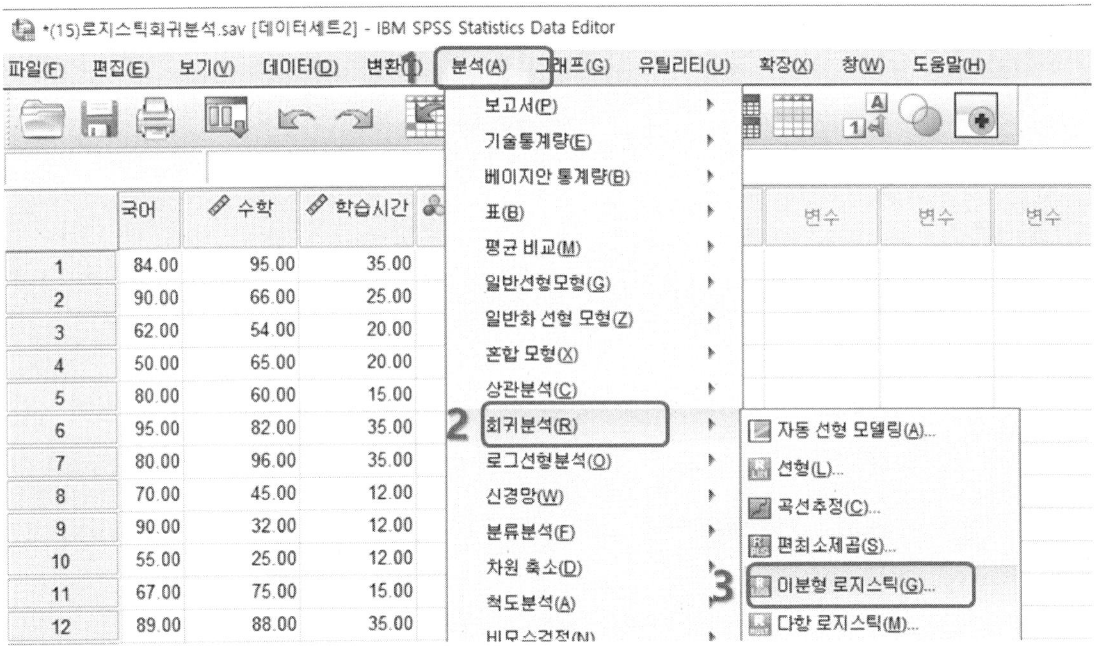

❷ 로지스틱 회귀분석 설정

선형회귀 창에서 종속변수(D)에 "영재반합격"을 넣고, 블록(B)에 "영어", "국어", "수학"을 넣는다. 범주형(G)과 저장(S) 버턴을 클릭하여 각각을 설정한다.

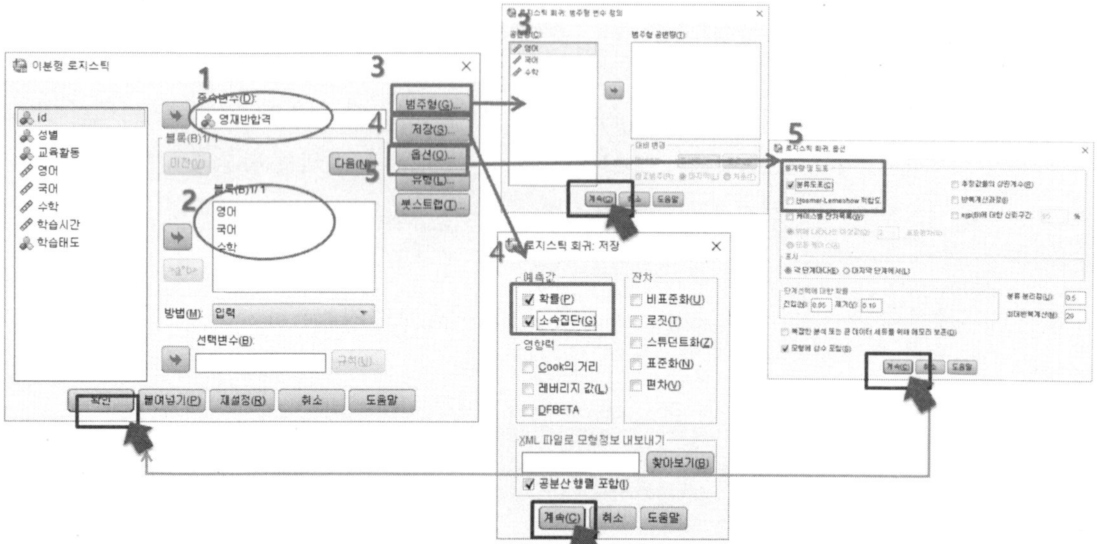

범주형(G)을 클릭하면, 범주형 변수정의 창이 떠고 공변량(C) 변수 중 범주형이 있으면 범주형 공변량(T)으로 이동한다. 본 예제에서는 연속형 변수이기 때문에 기본값으로 계속(C)을 클릭한다.

저장(S)을 클릭하면 기존의 예측값들을 저장할 수 있는 항목들을 제시하고 있다. 이 중 확률(P)과 소속집단(G)을 클릭하면 새로운 변수와 분석값들이 저장된 것을 확인할 수 있다.

	id	성별	교육활동	영어	국어	수학	학습시간	학습태도	영재반합격	PRE_1	PGR_1
1	1	1	1	54.00	84.00	95.00	35.00	9.00	1	.83533	1
2	2	0	2	78.00	90.00	66.00	25.00	5.00	0	.02619	0
3	3	1	3	64.00	62.00	54.00	20.00	5.00	0	.00609	0
4	4	0	1	45.00	50.00	65.00	20.00	7.00	0	.05778	0
5	5	1	2	55.00	80.00	60.00	15.00	5.00	0	.02572	0
6	6	1	3	85.00	95.00	82.00	35.00	9.00	0	.18328	0
7	7	1	1	77.00	80.00	96.00	35.00	9.00	1	.68006	1
8	8	0	2	67.00	70.00	45.00	12.00	3.00	0	.00155	0
9	9	1	3	82.00	90.00	32.00	12.00	5.00	0	.00015	0

옵션(O)을 클릭하면 분류도표 및 각종 통계량을 지정할 수 있다. 여기서는 옵션 대화창에서 분류도표(C)를 선택하였다. 결과창을 통해 아래와 같은 분류도표를 확인할 수 있다.

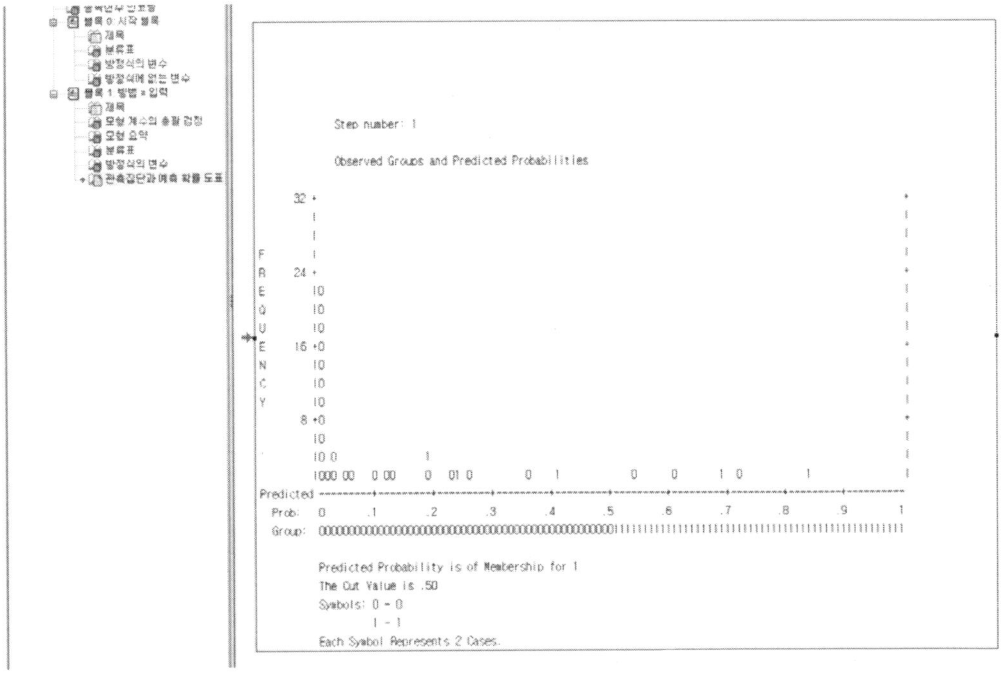

❸ 회귀분석 결과 확인 및 해석

분석 결과 화면은 다음과 같다.

모형 계수의 총괄 검정

		카이제곱	자유도	유의확률
1 단계	단계	17.314	3	.001
	블록	17.314	3	.001
	모형	17.314	3	.001

모형 계수 총괄검정과 모형 요약에서는 −2로그우도(-2LL)를 통해 기초모형과 연구모형의 차이를 검증한다. 유의확률이 .001로 모든 독립변수의 회귀계수가 0이라는 가설을 기각한다. 연구 결과 보고에서 −2LL 및 로지스틱 회귀분석의 결정계수를 보고한다.

모형 요약

단계	-2 로그 우도	Cox와 Snell의 R-제곱	Nagelkerke R-제곱
1	23.183[a]	.293	.527

a. 모수 추정값이 .001보다 작게 변경되어 계산반복 수 8에서 추정을 종료하였습니다.

분류표[a]

관측됨			예측 영재반합격 0	예측 영재반합격 1	분류정확 %
1 단계	영재반합격	0	40	3	93.0
		1	4	3	42.9
	전체 퍼센트				86.0

a. 절단값은 .500입니다.

방정식의 변수

		B	S.E.	Wald	자유도	유의확률	Exp(B)
1 단계[a]	영어	-.042	.070	.362	1	.548	.958
	국어	.011	.059	.033	1	.857	1.011
	수학	.148	.056	6.889	1	.009	1.159
	상수항	-11.025	5.001	4.859	1	.028	.000

a. 변수가 1: 영어, 국어, 수학 단계에 입력되었습니다.

로지스틱 회귀분석 결과 영재반 합격에 영향을 주는 독립변수는 유의수준 .05에서 수학성적이 유의한 것으로 나타났다.

2 다항 로지스틱 회귀분석

다항로지스틱 회귀분석은 이항 로지스틱 분석의 단순한 확장이다. 종속변수가 합격과 불합격의 이항이었던 부분과 달리 A, B, C, D 등 다항을 선택하는 경우 인과관계 파악을 위한 통계분석 방법이다. 예를 들어, '후보가 A, B, C, D가 있을 때 후보를 선택할 확률과 이에 영향을 미치는 변인은 무엇인가?' 와 같은 연구문제의 경우 로지스틱 회귀분석을 통해 영향력이나 인과관계를 파악할 수 있다.

수식으로 나타내면,

$$\ln\frac{P_j}{P_r} = b_{j0} + b_{j1}X_{j1} + b_{j2}X_{j2} + \cdots + b_{jk}X_{jk}$$

이때 $b_{j1}, b_{j2}, \ldots, b_{jk}$는 로지스틱 회귀계수가 된다.

종속변수의 값이 A, B, C, D 라고 가정할 때 한 값을 기준(reference)으로 설정한다. 예를 들어, D를 기준으로 설정하면 다항 로지스틱 회귀분석은

A와 D를 대비시키는 $\ln\frac{P_a}{P_d}$,

B와 D를 대비시키는 $\ln\frac{P_b}{P_d}$,

C와 D를 대비시키는 $\ln\frac{P_c}{P_d}$ 이 필요하다.

❶ 다항 로지스틱 메뉴 선택

(16)다항로지스틱회귀분석.sav 파일을 불러오자.

여기는 가상의 고등학교 학생 50명의 성적과 영재반합격, 과목영재 정보가 있다. 연구자는 과목영재 합격에 영향을 미치는 교과 성적을 파악해 보고자 한다. 이를 구체적 연구 문제는 다음과 같다. “국어, 영어, 수학 성적 중 과목영재 합격에 영향을 미치는 변인은 무엇인가?”

SPSS 메뉴에서 [분석(A)]-[회귀분석(R)]-[다항 로지스틱(M)]을 선택한다.

❷ 다항로지스틱 분석 설정

선형회귀 창에서 종속변수(D)에 "과목영재"를 넣고, 참조범주(N)에서 마지막 범주(L)을 선택한다. 공변량(C)에 "영어", "국어", "수학" 을 넣는다. 통계량(S) 버튼을 클릭하고 필요 통계량을 선택한다.

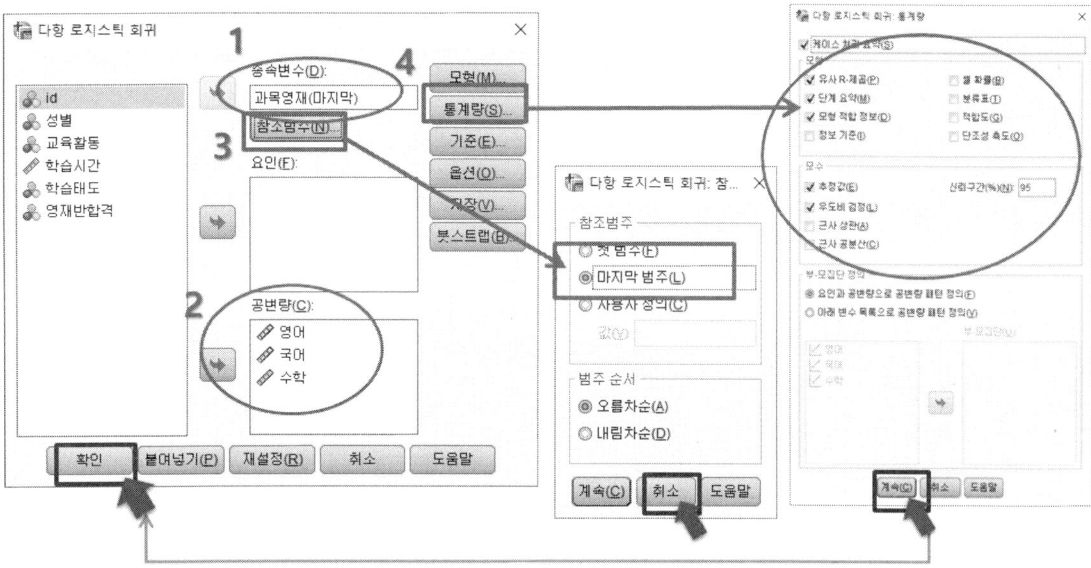

종속변수인 "과목영재" 변수의 다항 항목에는 1, 2, 3이 있다. 1은 수학영재합격, 2는 국어영재합격, 3은 영어영재합격을 나타낸다. 독립변수로는 공변량(C)에 들어가 있는 영어성적, 국어성적, 수학성적이다.

❸ 다항로지스틱 회귀분석 결과 확인 및 해석

분석 결과 화면은 다음과 같다.

모수 추정값

과목영재[a]		B	표준화 오류	Wald	자유도	유의확률	Exp(B)	Exp(B)에 대한 95% 신뢰구간 하한	상한
1	절편	3.269	6.123	.285	1	.593			
	영어	-.589	.255	5.352	1	.021	.555	.337	.914
	국어	.303	.216	1.967	1	.161	1.353	.887	2.066
	수학	.272	.112	5.864	1	.015	1.312	1.053	1.635
2	절편	-.571	6.053	.009	1	.925			
	영어	-.722	.274	6.932	1	.008	.486	.284	.831
	국어	.760	.265	8.213	1	.004	2.139	1.272	3.599
	수학	-.018	.072	.065	1	.798	.982	.852	1.131

a. 참조 범주는\ 3입니다.

"1"은 수학영재 합격

"2"는 국어영재 합격

"3"은 영어영재 합격

과목영재 항목은 1, 2, 3의 다항으로 되어 있으며 참조변수는 "3"의 영어영재 합격이다.

위 표에서 과목영재 1은 영어영재에 합격하는 것에 대비해서 수학영재에 합격하는 비율 정도로 생각할 수 있다. 독립변수들은 영어와 수학이 유의하게 나타났다. 영어영재 대비 수학영재 합격 비율은 영어성적과는 부적인 관계에 있는 반면 수학성적과는 정적인 관계에 있는 것으로 나타났다.

과목영재 2는 영어영재에 합격하는 것에 대비해서 국어영재에 합격하는 비율이다. 분석결과 영어와 국어가 유의한 것으로 나타났다. 회귀계수를 통해 영어영재 대비 국어영재 합격 비율은 영어성적과는 부적인 관계에 있는 반면 국어성적과는 정적인 관계가 있는 것으로 나타났다.

연구결과를 통해 과목영재 합격은 해당 교과성적과 관련이 있다고 할 수 있다.

3 로지스틱 회귀 분석을 활용한 교육 연구

허 균(2019). 일반계고 학생의 졸업 후 진로에 영향을 미치는 요인에 대한 분석성별, 자아존중감 및 자기통제력이 대학생의 스마트폰 중독 경향에 미치는 영향. 2019 부산교육종단연구 정책연구과제 중간보고서.

〈표 11-3-1〉 다중로지스틱회귀분석결과(허균 외, 2019 재인용)

변 인	최초모형		중간모형		최종모형	
	회귀계수	표준오차	회귀계수	표준오차	회귀계수	표준오차
(상수)	2.691	.643	5.789***	1.143	4.565**	1.577
개인배경						
성별	-.097	.218	-.187	.228	-.435	.254
부모의 SES(사회경제적지위)	-.313*	.128	-.171	.133	-.032	.139
부모 교육지원	-.215	.211	-.088	.220	.141	.242
학습심리특성						
자아존중감			.350	.229	.223	.263
자기주도학습			-.464	.321	-.702	.384
창의성			.062	.262	.309	.281
학업적효능감			-.995***	.286	-1.065*	.312
학업성취도			.001	.005	.004	.004
진로활동						
교육포부(학생)					.073	.150
교육기대(부모)					-.395*	.170
진로성숙도					.164	.294
진로활동경험정도					.233	.510
담임 진로 도움 정도					.202	.215
진로담당 진로 도움 정도					.103	.131
사교육 진로 도움 정도					-.100	.141
부모친지 진로 도움 정도					-.289	.195
진로검사 진로 도움 정도					.397*	.172
상급학교 설명회 진로 도움 정도					-.110	.165
대중매체 온라인 진로 도움 정도					-.287	.201
학교활동 및 특성						
친구관계					.114	.305
교사관계					.126	.265
진로집중교육과정운영					-.083	.387
설립유형					.399	.241
고교유형					.852*	.264
설명분산						
Cox & Snell R^2(Nagelkerke R^2)	.013(.024)		.054(.102)		.096(.182)	

연구아이디어 1

○ 연구주제 :

○ 관련연구 및 이론 :

○ 연구방법/통계분석방법 :

○ 예상결과 :

연구아이디어 2

○ 연구주제 :

○ 관련연구 및 이론 :

○ 연구방법/통계분석방법 :

○ 예상결과 :

11장 요약

로지스틱 회귀분석

로지스틱 회귀분석은 종속변수가 이분형 변수인 회귀분석

종속변수가 이분형 변수이거나 정규분포를 충족하지 못할 때 로지스틱 회귀분석

다항 로지스틱 회귀분석

이항로지스틱 분석의 확장

종속변수가 이분형이 아닌 다항

로지스틱분석을 활용한 교육연구

허 균(2019). 일반계고 학생의 졸업 후 진로에 영향을 미치는 요인에 대한 분석성별, 자아존중감 및 자기통제력이 대학생의 스마트폰 중독 경향에 미치는 영향. 2019 부산교육종단연구 정책연구과제 중간보고서.

11장 연 습 문 제

1. 로지스틱 분석과 회귀분석의 차이점을 설명하시오.

2. 이항로지스틱분석과 다항로지스틱분석의 차이점을 설명하시오.

메 모

Chapter 12

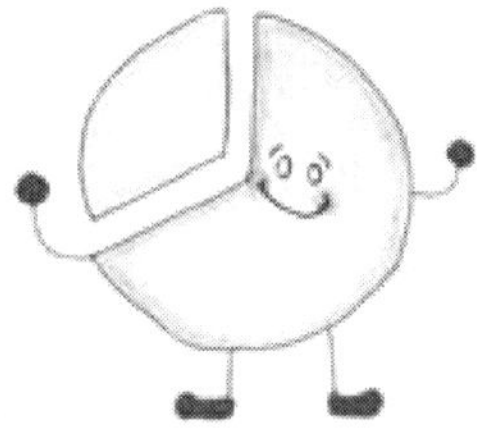

요인 분석

제12장 ●●●

요인 분석

1 요인 분석

국가에서 인터넷을 통해 공교육 포털 서비스를 제공하는 사이트로 에듀넷(edunet4u.net)이 있다. 에듀넷의 고객에 해당되는 교사들이 교육포털서비스의 어떤 요인에 의해 사용하게 될까? 이때 어떠한 요인들로 구성되는지 알아보기 위해 설문지를 만들어 조사하게 된다. 조사하고 있는 설문지의 타당성과 함께 같은 요인을 묻고 있는 설문은 통합하여 묶을 필요가 있다. 이처럼 수많은 변수들을 관련성 있는 특정 요인으로 묶어 단순화하는 것이 요인 분석(Factor Analysis)이라고 한다.

2 요인 분석 활용 예제

테크놀로지 사용 요인에 대한 분석의 가상적인 예를 통해서 요인분석 방법을 익혀보자.

❶ 연구문제 설정

'테크놀로지 사용 요인에는 유용성, 용이성이 있을 것이다.' 라고 가설적 연구문제를 설정하자.

❷ 연구데이터 수집

테크놀로지 사용 요인을 분석하기 위해 테크놀로지 사이트를 (예: 에듀넷)을 사용하는 교사들 대상으로 설문조사를 계획한다.

설문지를 만들어야 하지만 여기서는 간단한 질문을 아래와 같이 가상적으로 제작하였다. 설문 응답은 5점 척도에 응답한 것으로 가정하였다.

문항	설문 요지	비고
1	테크놀로지를 수업에 활용하면 학생들을 보다 빠르게 가르칠 수 있다.	5점 척도 응답
2	테크놀로지를 수업에 활용하는 것은 유용하다.	
3	테크놀로지를 수업에 활용하면 생산성이 향상된다.	
4	테크놀로지를 수업에 활용하면 학생들의 가르치는데 효과적이다.	
5	테크놀로지를 수업에 사용하기 쉽다.	
6	나는 테크놀로지를 쉽게 다룬다.	
7	테크놀로지를 에 숙련되기 쉽다.	
8	나는 수업 활용을 위해 테크놀로지를 자주 사용한다.	테크놀로지사용 (종속변인)

❸ 데이터 코딩

20명으로부터 설문자료를 수집하였고 이를 SPSS로 코딩하기 위해 데이터를 정리하였다.

응답자	1번 문항	2번 문항	3번 문항	4번 문항	5번 문항	6번 문항	7번 문항	8번 문항
1	4	4	4	4	4	4	4	4
2	5	4	4	5	5	4	4	5
3	5	4	5	5	5	5	5	5
4	4	3	3	4	3	2	3	3
5	5	5	4	5	4	4	4	3
6	4	3	3	4	3	4	4	4
7	4	4	4	4	3	3	3	3
8	4	4	4	4	4	3	3	5
9	4	4	4	4	4	4	4	4
10	5	5	5	5	5	5	5	5
11	4	5	5	5	3	3	3	5
12	4	4	4	4	2	2	2	2
13	4	3	3	4	5	5	4	4
14	4	4	4	4	4	4	4	5
15	4	5	4	5	3	4	4	5
16	5	5	5	5	5	5	5	5
17	2	2	3	3	3	2	2	3
18	5	4	4	4	4	4	4	2
19	5	4	5	5	4	5	5	4
20	4	4	4	4	4	4	4	3

SPSS에 해당 데이터를 입력한다.

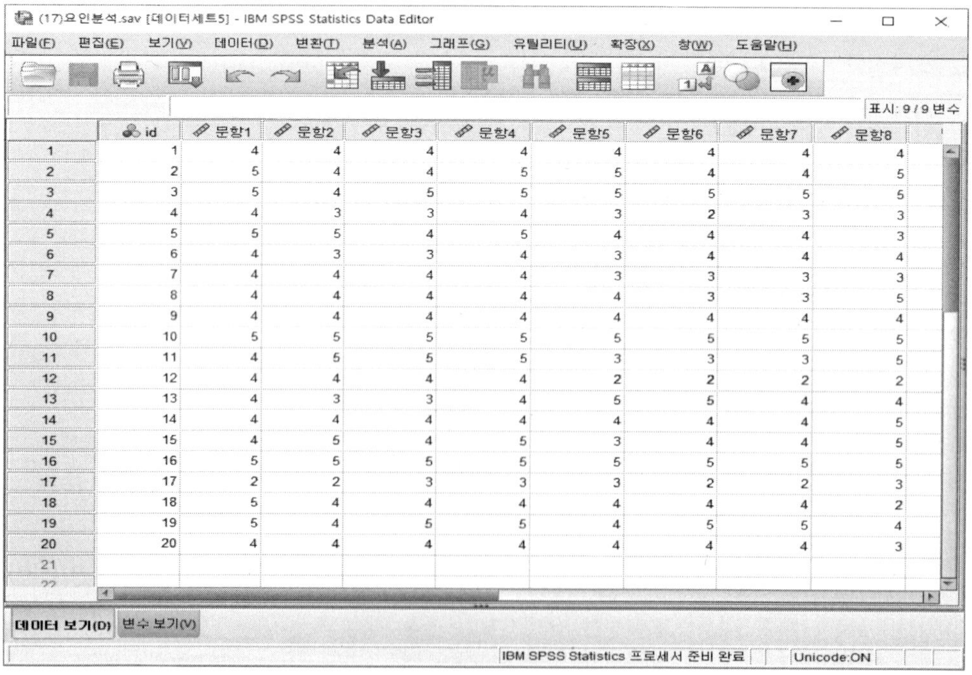

	id	문항1	문항2	문항3	문항4	문항5	문항6	문항7	문항8
1	1	4	4	4	4	4	4	4	4
2	2	5	4	4	5	5	4	4	5
3	3	5	4	5	5	5	5	5	5
4	4	4	3	3	4	3	2	3	3
5	5	5	5	4	5	4	4	4	3
6	6	4	3	3	4	3	4	4	4
7	7	4	4	4	4	3	3	3	3
8	8	4	4	4	4	4	3	3	5
9	9	4	4	4	4	4	4	4	4
10	10	5	5	5	5	5	5	5	5
11	11	4	5	5	5	3	3	3	5
12	12	4	4	4	4	2	2	2	2
13	13	4	3	3	4	5	5	4	4
14	14	4	4	4	4	4	4	4	5
15	15	4	5	4	5	3	4	4	5
16	16	5	5	5	5	5	5	5	5
17	17	2	2	3	3	3	2	2	3
18	18	5	4	4	4	4	4	4	2
19	19	5	4	5	5	4	5	5	4
20	20	4	4	4	4	4	4	4	3
21									

❹ 요인분석 메뉴 선택

SPSS 메뉴에서 [분석(A)]-[차원 축소(D)]-[요인분석(F)...]을 선택한다.

❺ 요인분석 세부 메뉴 선택

① [요인분석] 창의 좌측에 요인 분석을 하고자하는 변인(문항1~문항8)을 클릭하여 [변수(V)]로 옮긴다.

② [기술통계(D)...] 버턴을 누르면, [요인분석: 기술통계] 창이 나타난다. 여기서 [통계량]의 '일변량 기술통계(U)', [상관행렬]의 '상관계수(C)','유의수준(S)'을 체크하고 [계속]을 클릭한다.

③ [요인추출(E)...] 버턴을 누르면, [요인분석: 요인추출] 창이 나타난다. [방법(M)]에 '주성분', [분석]에서 '상관행렬', [출력]에서 '회전하지 않은 요인해법', [추출]에서 '고유값 기준(E)'에서 '1'을 선택하고, [계속]을 클릭한다.

④ [요인회전(T)...] 버턴을 누르면, [요인분석: 요인회전]창이 나타난다. [방법(M)]에 '베리멕스(V)', 출력에서 '회전해법', [수렴에대한 최대반복계산수(X)]에 '25'를 선택하고, [계속]을 클릭한다.

⑤ [요인점수(S)...] 버턴을 누르면, [요인분석: 요인점수]창이 나타난다. [요인점수 계수행렬출력]을 선택하고, [계속]을 클릭한다.

⑥ [옵션(O)...] 버턴을 누르면, [요인분석: 옵션]창이 나타난다. [결측값]의 '목록별 결측값 제외(L)'를 선택하고, [계속]을 클릭한다.

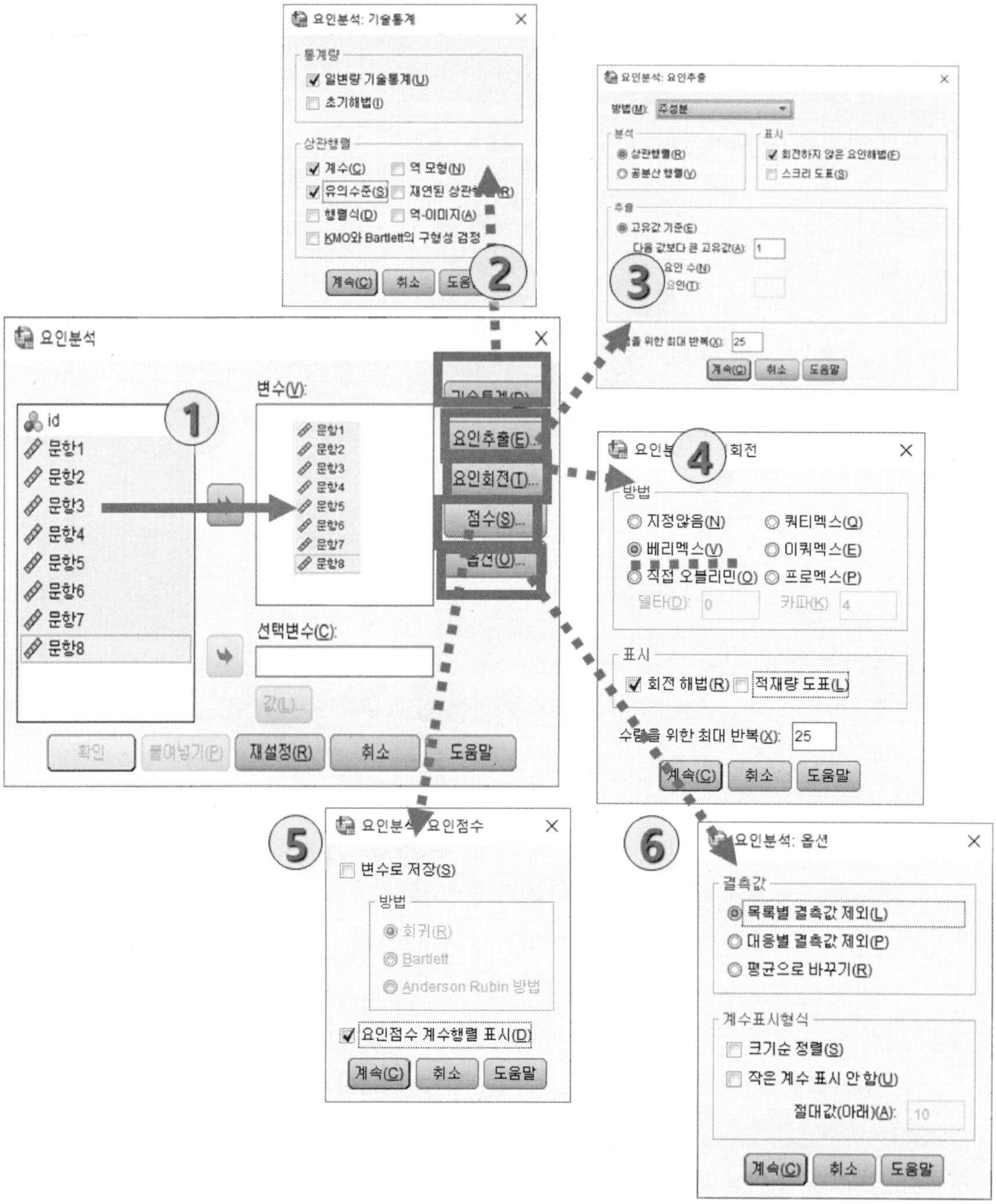
요인분석: 기술통계
통계량
일변량 기술통계(U)
초기해법(I)
상관행렬
계수(C)
역 모형(N)
유의수준(S)
재연된 상관행렬(R)
행렬식(D)
역-이미지(A)
KMO와 Bartlett의 구형성 검정
계속(C) 취소 도움말
요인분석: 요인추출
방법(M): 주성분
분석
상관행렬(R)
공분산 행렬(V)
표시
회전하지 않은 요인해법(F)
스크리 도표(S)
추출
고유값 기준(E)
다음 값보다 큰 고유값(A): 1
요인 수(N)
수렴을 위한 최대 반복(X): 25
계속(C) 취소 도움말
요인분석
변수(V):
id
문항1
문항2
문항3
문항4
문항5
문항6
문항7
문항8
기술통계(D)...
요인추출(E)...
요인회전(T)...
점수(S)...
옵션(O)...
선택변수(C):
값(L)...
확인 붙여넣기(P) 재설정(R) 취소 도움말
요인분석: 요인회전
방법
지정않음(N)
쿼티멕스(Q)
베리멕스(V)
이쿼멕스(E)
직접 오블리민(O)
프로멕스(P)
델타(D): 0
카파(K): 4
표시
회전 해법(R)
적재량 도표(L)
수렴을 위한 최대 반복(X): 25
계속(C) 취소 도움말
요인분석: 요인점수
변수로 저장(S)
방법
회귀(R)
Bartlett
Anderson Rubin 방법
요인점수 계수행렬 표시(D)
계속(C) 취소 도움말
요인분석: 옵션
결측값
목록별 결측값 제외(L)
대응별 결측값 제외(P)
평균으로 바꾸기(R)
계수표시형식
크기순 정렬(S)
작은 계수 표시 안 함(U)
절대값(아래)(A): .10
계속(C) 취소 도움말

❻ 요인분석 결과 확인 및 해석

분석 결과 화면은 다음과 같다.

기술통계량

	평균	표준편차	분석수
문항1	4.25	.716	20
문항2	4.00	.795	20
문항3	4.05	.686	20
문항4	4.35	.587	20
문항5	3.85	.875	20
문항6	3.60	1.005	20
문항7	3.80	.894	20
문항8	3.95	1.050	20

공통성

	추출
문항1	.722
문항2	.887
문항3	.792
문항4	.872
문항5	.857
문항6	.909
문항7	.909
문항8	.401

추출 방법: 주성분 분석.

성분행렬a

	성분 1	성분 2
문항1	.842	.111
문항2	.733	.591
문항3	.777	.434
문항4	.868	.345
문항5	.734	-.565
문항6	.851	-.429
문항7	.889	-.344
문항8	.621	-.125

추출 방법: 주성분 분석.
a. 추출된 2 성분

설명된 총분산

	추출 제곱합 적재량			회전 제곱합 적재량		
성분	전체	% 분산	누적 %	전체	% 분산	누적 %
1	5.042	63.028	63.028	3.242	40.528	40.528
2	1.306	16.329	79.357	3.106	38.829	79.357

추출 방법: 주성분 분석.

상관행렬

		문항1	문항2	문항3	문항4	문항5	문항6	문항7	문항8
상관관계	문항1	1.000	.647	.616	.782	.567	.658	.739	.227
	문항2	.647	1.000	.772	.790	.227	.395	.444	.378
	문항3	.616	.772	1.000	.738	.364	.473	.532	.442
	문항4	.782	.790	.738	1.000	.415	.571	.641	.542
	문항5	.567	.227	.364	.415	1.000	.802	.767	.507
	문항6	.658	.395	.473	.571	.802	1.000	.948	.489
	문항7	.739	.444	.532	.641	.767	.948	1.000	.493
	문항8	.227	.378	.442	.542	.507	.489	.493	1.000
유의확률 (단측)	문항1		.001	.002	.000	.005	.001	.000	.167
	문항2	.001		.000	.000	.168	.042	.025	.050
	문항3	.002	.000		.000	.057	.018	.008	.026
	문항4	.000	.000	.000		.034	.004	.001	.007
	문항5	.005	.168	.057	.034		.000	.000	.011
	문항6	.001	.042	.018	.004	.000		.000	.014
	문항7	.000	.025	.008	.001	.000	.000		.014
	문항8	.167	.050	.026	.007	.011	.014	.014	

회전된 성분행렬a

	성분 1	성분 2
문항1	.529	.665
문항2	.117	.934
문항3	.258	.851
문항4	.385	.851
문항5	.920	.102
문항6	.911	.282
문항7	.879	.370
문항8	.533	.341

추출 방법: 주성분 분석.
회전 방법: 카이저 정규화가 있는 베리멕스.
a. 3 반복계산에서 요인회전이 수렴되었습니다.

[기술통계량] 표는 평균값, 분산을 나타내고 있다.

[공통성] 표는 공통된 인자들의 설명력을 나타낸다. 이때 추출된 값이 클수록 설명력이 높으며, 객관적 기준은 없으나 일반적으로 0.3 이상이면 큰 문제가 없는 것으로 생각된다.

[설명된 총 분산] 표에서 아이겐 값이 1 이상인 요인은 두 성분임을 확인할 수 있다.

다른 여러 표의 수치를 참고하여 최종적으로 [회전된 성분행렬] 표를 통해 두 가지 요인을 구성하는 문항으로 묶을 수 있다. 제1요인은 문항1, 문항2, 문항3, 문항4를 포함하는 변인으로 '유용성'요인, 제2요인은 문항5, 문항6, 문항7로 '용이성'요인이라고 명명할 수 있다.

3 요인 분석을 활용한 교육 연구

허균, 나일주(2003). 웹 기반 교육에서 최적몰입경험. 한국 컴퓨터교육학회 논문지, 16(3), 1557-1566.

통계분석 프로그램을 이용하여 설문지의 타당성을 분석하였고 다음과 같은 단계로 요인분석을 실시하였다. (1) 변수간에 적어도 하나 이상의 다른 항목과 높은 상관관계를 가지고 있어야 하므로 모든 항목에 대한 상관관계행렬을 검토 (2) 주성분 분석기법을 이용하여 각 영역별 주요 요인을 추출하였다. 이때 (3) 배리맥스 방법으로 회전하여 요인행렬 표를 나타내고 각 요인의 적재량 제시하였다. 요인분석의 실시 결과 10개의 학습자 요인은 8개로, 5가지 WBI 요인은 4가지로 축소하여 나타났다(허균, 나일주, 2003 재인용). 이 중 WBI 요인의 결과를 제시하면 〈표 12-3-1〉과 같다.

〈표 12-3-1〉 WBI 측면 요인분석 결과표(허균, 나일주, 2003 재인용)

	1	2	3	4
학습내용1	.836	.224	.248	.210
학습내용2	.757	.267	.190	.354
학습내용3	.742	.288	.356	.188
항해1	.264	.873	.215	.170
항해2	.272	.858	.199	.230
상호작용1	.205	.189	.895	.180
상호작용2	.368	.234	.798	.203
디자인1	.269	.199	.212	.882
디자인2	.479	.363	.258	.603

연구아이디어 1

○ 연구주제 :

○ 관련연구 및 이론 :

○ 연구방법/통계분석방법 :

○ 예상결과 :

연구아이디어 2

○ 연구주제 :

○ 관련연구 및 이론 :

○ 연구방법/통계분석방법 :

○ 예상결과 :

12장 요약

요인분석

수많은 변수들을 관련성 있는 특정 요인으로 묶어 단순화하는 것

요인 분석(Factor Analysis)

요인분석을 활용한 교육연구

허균, 나일주(2003). 웹 기반 교육에서 최적몰입경험. 한국 컴퓨터교육학회 논문지, 16(3), 1557-1566.

12장 연습문제

1. 요인분석에 대해 설명하시오.

2. 195쪽 그림의 회전된 성분행렬 결과를 해석하시오.

메 모

참고문헌

김남석, 허균(2010). 희곡교육에 대한 교사 인식변화와 교사만족도 영향 요인 분석 연구. 중등교육연구, 58(3), 31-59.

성태제(2015). 알기쉬운 통계분석: 기술통계에서 구조방정식모형까지(2판). 학지사.

신범준(2006). 모바일 환경에서 삶의 질 측정모형에 관한 연구. 한국컴퓨터게임학회논문지, 8, 55-73.

이진령, 유정선, 허균(2014). 성별, 자아존중감 및 자기통제력이 대학생의 스마트폰 중독 경향에 미치는 영향. Journal of The Korean Data Analysis Socety, 16(3), 1557-1566.

이태림, 김성수, 성내경(2014). 통계패키지. KNOU Press.

하문선, 하요상(2017). 알바(Alpha) 성격 청소년의 정서행동문제의 종단적 변화에 대한 잠재집단 유형. 아시아교육연구, 18(1), 95-119.

허 균(2008). 만족도 및 SWOT 분석을 통한 교육 CEO 연수 프로그램 발전 방안 연구. 경영교육연구, 51, 325-346.

허 균(2010). 교육 연구방법의 이론과 실제. 서현사.

허 균(2019). 일반계고 학생의 졸업 후 진로에 영향을 미치는 요인에 대한 분석성별, 자아존중감 및 자기통제력이 대학생의 스마트폰 중독 경향에 미치는 영향. 2019 부산교육종단연구 정책연구과제 중간보고서.

허 균, 나일주(2003). 웹 기반 교육에서 최적몰입경험. 한국 컴퓨터교육학회 논문지, 16(3), 1557-1566.

허 균, 원효헌, 이운식(2007). 학습자 인식 분석을 통한 여성 공학교육 방향 탐색 사례 연구, 공학교육연구, 10(3), 21-37.

연구아이디어

○ 연구주제 :

○ 관련연구 및 이론 :

○ 연구방법/통계분석방법 :

○ 예상결과 :